新手学外贸
从入门到精通

智创文化　编

化学工业出版社

·北京·

《新手学外贸从入门到精通》从外贸人员应知、应会、应懂的知识出发，结合企业实际发生的各项经济业务，向外贸新手示范各项外贸业务的处理技巧与方法。全书共分为8章，包括对我国外贸政策和市场的分析，贸易术语，贸易单据，对外贸易流程的介绍，外贸品的策划、推广以及签外贸合同，开发客户资源，收欠款等内容。

《新手学外贸从入门到精通》也加入了国家大力倡导的跨境电商的有关内容，以便外贸新手"一看就懂、一学就会、现查现用"，轻松掌握外贸操作技能，快速胜任外贸工作。

《新手学外贸从入门到精通》适合外贸新手、在职外贸人员、企业经营管理者、企业培训及咨询人员、高等学校对外贸易专业师生以及关注跨境电商的人员阅读和使用。

图书在版编目（CIP）数据

新手学外贸从入门到精通/智创文化编．—北京：
化学工业出版社，2016.12（2024.7重印）
ISBN 978-7-122-28304-7

Ⅰ．①新…　Ⅱ．①智…　Ⅲ．①对外贸易-基本知识

Ⅳ．①F75

中国版本图书馆CIP数据核字（2016）第250195号

责任编辑：卢萌萌　黎秀芬　　　　　　　文字编辑：汲永臻
责任校对：边　涛　　　　　　　　　　　装帧设计：王晓宇

出版发行：化学工业出版社（北京市东城区青年湖南街13号　邮政编码100011）
印　　装：北京盛通数码印刷有限公司
710mm×1000mm　1/16　印张15½　字数226千字　2024年7月北京第1版第13次印刷

购书咨询：010-64518888　　　　　　　　售后服务：010-64518899
网　　址：http://www.cip.com.cn
凡购买本书，如有缺损质量问题，本社销售中心负责调换。

定　　价：49.80元　　　　　　　　　　　　　　　　　版权所有　违者必究

前　言　FOREWORD

即学即用轻松胜出，融集全新外贸知识，精心点拨入门技巧，全面熟悉外贸流程，快速掌握外贸实务。

本书在编撰过程中力求"实用"，本着外贸人员"应知、应会、应懂"的原则，涉及外贸活动中方方面面的问题。本书共分为8章，包括对我国外贸政策和市场的分析，贸易术语，贸易单据，贸易流程，商品的策划、推广，合同签订，客户拓展以及转型跨境电商等问题（2015年以来国家大力提倡和支持的"跨境电商"）。全方位展示了各项外贸业务的具体处理，是外贸新手成长过程中必备的指导工具书。

同时为增强可读性，书中还列举了大量具有实操意义的示例，以便外贸新手"一看就懂、一学就会、现查现用"，轻松掌握外贸操作技能，快速胜任外贸工作。

本书有三大特色：

第一，注重实操。考虑到初学者的客观要求，我们根据知识的难易程度，对每个知识点都进行了拆分，化大为小，注重细节，将知识融入实操当中。

第二，通俗易懂。外贸是一门技巧性很强的学科，本书本着让每位初学者都能学好外贸、当好外贸人员的原则，在语言上做了大量的工作，力争做到化繁为简，用简练、通俗的语言去阐述。简单易学，一看就懂，一学就会。

第三，可读性强。如何让干枯的文字活起来也是我们一直在考虑的一个问题，本书采用图、表的形式，图文并茂，大大增强了可读性。

本书适合外贸新手、在职外贸人员、企业经营管理者、企业培训及咨询人员、高等学校对外贸易专业师生阅读和使用。

本书的编写获得了魏艳、苗李敏、潘鑫、魏丽、李伟、苗李宁等的大力支持，他们群策群力，或提供资料、或讲述自己的经验。同时，也对丁雨萌、樊冬梅在图表设计、文字编校方面的支持深表感谢。正是集多人之智慧，此书才能编撰而成，在此对各位表示感谢。

编者
2016年7月

目 录 CONTENTS

第5章
树立品牌影响力

第8章

转型跨境电商

第1章 新手做外贸四大必知

如今从事外贸业务的不仅仅有传统的进出口企业、代理商，还有很多民营企业、新型电商、拥有品牌的个人等。其中不乏很多新手，对于这些初涉者来说如何开发这个新领域，并能够一展拳脚。最主要的就是要做到四大必知，了解国内外的市场，熟悉国家政策，行业规律以及法律法规等。

1.1 必知一：做好市场分析

2001年12月，我国正式成为世贸组织的一员，标志着与各个国家和地区的经贸关系进入了一个全新的阶段，加快了与世界贸易的接轨，也为我国对外贸易的发展提供了更大的空间和机遇。

此后，我国对外贸易在全球的地位迅速上升，与各个贸易伙伴开展的贸易规模不断扩大。1999年，世界前五大出口国分别为美国、德国、日本、法国和英国，中国在40个主要贸易出口国中排名第九，2009年十年的时间就超过德国成为世界第二大贸易国，进出口总值达到22.072万亿人民币，出口总额占总值比重的54.4%，进口则仅次于美国、德国，为世界第三大进口国。

2017年，经过近20年的发展，我国的对外贸易在市场规模、市场竞争、区域市场、市场走势及吸引范围等多个方面都有了长足的进展，取得了空前的成绩。2013年，进出口总值25.83万亿人民币，扣除汇率因素同比增长7.6%，2014年这一数值为26.43万亿元人民币，比2013年增长了2.3%。2015年有所下降，为24.59万亿元人民币，如图1-1所示。

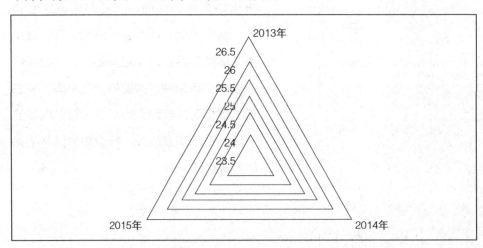

图1-1 我国近三年的进出口总值（单位：万元）

2015年以来，全球出口值出现了近年来少有的大幅度下跌态势。WTO公布的数据显示，按美元计价，2015年前10个月全球出口值下降幅度超过11%，是自2009年全球金融危机全面爆发后再次出现的下降。

经济下行的压力，新一轮的全球金融危机，以及国际、国内贸易市场的不容乐观，使2016年，我国的外贸形势仍然严峻，面对的困难仍然是空前的，外需乏力、内需走弱、固定资产投资放缓、出口成本持续快速上升、融资越来越难等多种不利因素交织叠加，而且这种困难不是短期的。

但从总体趋势来看，发展趋势向好的基本面没有变，仍处于稳中求进的状态。我国的外贸市场处于历史的最好时期。对于进出口企业，或个人来讲，在确定市场大形势基本良好的前提下，最主要的是调查市场，顺从市场规律，擦亮眼睛，去寻找并抓住其中的商机。

市场调研的目的在于了解市场，以便有效地推销货物，有新产品但没有市场，对出口商而言一切都是徒劳。但是市场的调研工作也面临着一个难题：即如何去调查，自己或委托他人直接去当地调研，取得所需一手资料是最好的方法，但不可能总是能到各进口国做实地调研。

通常来讲，市场调研的项目可分为两个大类：

（1）一般调研项目

一般调研项目指的是对拟销售商品的相关因素进行调研，比如，关于某一特定市场的一般性调研。

（2）个别调研项目

个别调研项目是直接对拟销售的商品在该市场的产销情况进行调研。

这两项调查项目详细内容如表1-1所列。

表1-1　外贸市场调研项目的类别

一般调研项目	地理：包括位置、面积、地形、气候等	个别调研项目	供求状况：包括有关商品在当地的生产量与生产企业名单、输出入量与输出入企业名单等
	人文：包括人口、语言、教育、宗教风俗等		
	交通：包括铁路、公路、港口情况、运输设施等		当地竞争情形：包括当地产品资料、进口产品资料、消费数量等
	货币金融：包括通货、物价、外汇、银行等		
	工商政策及法令：包括贸易外汇管理法规、关税制度、度量衡制度等		推销相关事项：包括有关商品的销售渠道、推广方法等
	商业习惯：包括销售季节、销售渠道、消费者购买力等		

确定未来市场是正式展开进出口贸易最前提的工作。目的在于了解国外市场的供求状况，寻找最有利的市场，寻求进口商或代理商，了解竞争对手等。这一部分工作会直接影响到日后的交易过程。对于一名进出口经销商来讲，做好市场调查将会保证对市场，对目标客户有更准确的定位。比如，谁将会是最大的消费群体，谁将会从使用你的产品中受益，这都是在对市场调查研究时需要关注的。

1.2 必知二：熟悉国家政策

面对国内外贸易市场疲软的态势，国家大力开辟新市场，寻找新机遇，并在政策上引导。如"一带一路"、"互联网+"、创新驱动以及自贸区建设等重要国家战略，各地都相应地出台了许多扶持跨境电商的政策。

（1）"一带一路"激活外贸新机遇

随着"一带一路"建设的推进，沿线国家的市场机遇备受期待。这无疑为出口企业拓展市场提供了更好的机会，家电、能源、机械、建材等行业出口将迎来新的机遇期。不少企业将目光由东部沿海地区转向了中西部内陆地区，加强与中东、中亚、南美等沿线国家的合作。

据悉，我国对部分一带一路沿线国家的出口贸易已经开始增长。2016年第一季度，我国在对美国、欧盟、东盟出口贸易下降的同时（对美国出口下降3.4%、对欧盟出口下降1.4%、对东盟出口下降8.5%），对巴基斯坦、孟加拉国、埃及、印度和俄罗斯等出口却大幅增长，分别为26.4%、16.6%、6.3%、6.1%和6.2%，如图1-2所示。

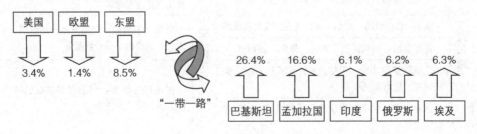

图1-2 2016年第一季度我国外贸出口情况

（2）借助互联网+，大力发展跨境电商

自2013年以来，政策层面一直在释放跨境电商方面的利好。如2014年7月，海关总署的《关于跨境贸易电子商务进出境货物、物品有关监管事宜的公告》和《关于增列海关监管方式代码的公告》，即业内熟知的"56号"和"57号"文件接连出台，从政策层面上规范了跨境电子商务市场，同时也认可了业内通行的保税模式，此举明确了对跨境电商的监管框架。

再如商务部于2013年8月颁布的关于实施支持跨境电子商务零售出口有关政策意见》（以下简称意见）提出了6项具体措施，具体如表1-2所列。

表1-2　国家对发展跨境电商的6项具体措施

措施	内容
1	建立电子商务出口新型海关监管模式并进行专项统计，主要用以解决目前零售出口无法办理海关监管统计的问题
2	建立电子商务出口检验监管模式，主要用以解决电子商务出口无法办理检验检疫的问题
3	支持企业正常收结汇，主要用以解决企业目前办理出口收汇存在困难的问题
4	鼓励银行机构和支付机构为跨境电子商务提供支付服务，主要用以解决支付服务配套环节比较薄弱的问题
5	实施适应电子商务出口的税收政策，主要用以解决电子商务出口企业无法办理出口退税的问题
6	建立电子商务出口信用体系，主要用以解决信用体系和市场秩序有待改善的问题。

《意见》要求自发布之日起，先在已开展跨境贸易电子商务通关服务试点的上海、重庆、杭州、宁波、郑州等5个城市试行上述政策。2013年10月1日起，在全国有条件的地区全面实施。

电子商务出口在交易方式、货物运输、支付结算等方面与传统贸易方式差异较大。现行管理体制、政策、法规及现有环境条件已无法满足其发展要求，主要问题集中在海关、检验检疫、税务和收付汇等方面。

2016年3月24日，财政部海关总署和国税总局联合发出通知，从2016年4月8日起，海淘购物个人单次交易限值为人民币2000元，全年人民币20000元；限值以内进口跨境电子商务零售进口商品，暂免征关税；进口环节增值税、消费税取消免征税额，暂按法定应纳税额的70%征收。

2016年4月8日，海淘一件商品，最低交税11.9%。跨境电商税收新政实施，行邮税也跟着同步调整。调整内容具体如表1-3所列。

表1-3　跨境电商税收新政实施调整

调整	内容
1	政策将单次交易限值由行邮税政策中的1000元（港澳台地区为800元）提高至2000元，同时将设置个人年度交易限值为20000元
2	超过单次限值、累加后超过个人年度限值的单次交易以及完税价格超过2000元限值的单个不可分割商品，将均按照一般贸易方式全额征税
3	在限值以内进口的跨境电子商务零售进口商品，关税税率暂设为0%，进口环节增值税、消费税取消免征税额，暂按法定应纳税额的70%征收
4	同步调整行邮税政策，将目前的四档税目，对应税率分别为10%，20%，30%，50%调整为三档 其中，税目1主要为最惠国税率为零的商品，税目3主要为征收消费税的高档消费品，其他商品归入税目2，税目1、税目2、税目3的税率将分别为15%，30%，60%

（3）自贸区建设进一步深化

为推动区域经济一体化，促进经济的创新发展、改革与增长，加强全方位的互联互通和基础设施建设，我国在近几年不断地开展和深化了自贸区建设，目前逐步形成了上海、广东、福建和天津等四大自贸区，如图1-3所示。

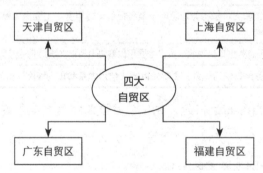

图1-3　我国的四大自贸区

2013年9月29日，中国（上海）自由贸易试验区正式成立，2015年3月24日，中共中央政治局审议通过了广东（三大片区：广州南沙自贸区、深圳蛇口自贸区、珠海横琴自贸区）、天津、福建自由贸易试验区的总体方案。

四大自贸区各具特色，上海自贸区作为首个自贸区承载的更多的是改革和创新实验，从一开始就被要求制度创新，且为了可复制到全国的制度创新先行先试。天津自贸区是北方唯一的自贸区，重点服务京津冀经济圈协同发展和"一带一路"国家战略，广东自贸区重在与港澳接轨，福建自贸区最大的特色是对接中国台湾。

2016年9月，商务部决定在全国7个省市新设立自贸试验区，分别是辽宁省、浙江省、河南省、湖北省、重庆市、四川省、陕西省。新设立的自贸试验区定位不同，侧重不同，旨在全面服务于国家各个区域的经济开发与建设，配合国家"一带一路"建设、京津冀协同发展、长江经济带发展三大战略，及西部大开发、振兴东北老工业基地、中部崛起等重点区域发展战略，与国家新一轮改革开放总体战略布局保持高度一致。

自贸区，是自由贸易区（free trade zone）的简称，通常是指在主权国家或地区的关境以外，划出特定的区域，准许外国商品豁免关税自由进出。从狭义上讲，仅指提供区内加工出口所需原料等货物的进口豁免关税的地区，类似出口加工区。广义上还包括自由港和转口贸易区。

在自贸区范围内，贸易和投资等比世贸组织的有关规定更加优惠。因此，外贸企业可以最大限度地享受自贸区红利。再加上各自贸区针对的市场、服务项目的不同，企业完全可以根据自身需求进一步扩大红利份额。

外贸的发展向来对政策的依赖性比较大，一个国家和地区，政策的扶持和支持力度大小决定了外贸事业的兴盛程度。从国家的角度来讲，2013年以来出台的政策，为外贸企业的发展提供了更多的机会。从企业的角度，或个人的角度来讲，关键就看能否抓住机会，积极地去发展、壮大自己。

1.3 必知三：摸清行业脉络

"做什么？怎么做？"是大多数初做外贸企业、外贸人员最为关心的问题。做一个行业首先必须熟悉这个行业，对这个行业的各个方面都有所了解，并能根据自身需求、优势，做到明确定位，精准把握。

一个企业无论资金多么雄厚，经验多么丰富，天赋、能力有多好，一旦选错行业，再回头就不那么容易，且还有可能造成人力、物力、财力上的巨大浪费。因此，在做外贸之前，需要先摸清行业脉络，明确有哪些类型，每一类型的难易程度等。接下来，我们就详细了解一下国际贸易的种类。

国际贸易活动的种类繁多，从不同的角度可以做不同的分类。通常按照货物的流向、货物的形态、贸易途径来划分。

（1）按照货物的流向分类

按照货物的流向分出口贸易、进口贸易、过境贸易和转口贸易4类，具体如下所示。

出口贸易 export trade	是指将本国的产品卖到外国去，得到外国所支付的汇款，不仅仅是货物，技术、专利、知识等都可以出口。
进口贸易 import trade	进口与出口正好相对，指的是从国外买进产品、技术、服务等。值得注意的是进口的产品不一定是出口商所生产。
过境贸易 transit trade	货物在由出口国输往进口国的途中，必须经过第三国，对于第三国来说这笔交易就是过境贸易。
转口贸易 entrepot trade	这种交易隶属于过境交易，不同的是货物需在第三国停留、卸货、转运、储存、重组，然后才转运至目的地。

值得注意的是，进口贸易与出口贸易一体两面，相辅相成，共同构成了进出口贸易。一笔交易中必须有买方和卖方，买方与卖方只有一致才能成交。反过来，买卖双方优势是相对而言的，对买方而言是进口交易，对卖方而言则是出口交易。就买方立场而言，该笔交易就是进口贸易；而就卖方立场而言，则是出口贸易。

（2）按照货物形态分类

按照货物形态可分为有形贸易和无形贸易两种。

有形贸易 visible trade	交易商品如果是有体积、有重量的有形货物，例如成衣、食品、水泥等，称为有形贸易，有形贸易必须经过海关进出口通关。
无形贸易 invisible trade	交易的商品如果是无形的劳务或服务的提供，例如运输、保险、金融等，则称为无形贸易。

（3）按照贸易的途径分类

按照贸易的途径分类为直接贸易、间接贸易和三角贸易。

直接贸易 direct trade	指进出口买卖双方进行直接的交易，在整个交易过程中不涉及到任何第三方，货物或货款也不经过第三国家和地区进入出口方。
间接贸易 indirect trade	指进出口买卖双方不能直接进行交易，必须通过一定的媒介来实现，比如，第三人、第三国或代理商等，这些媒介以服务换取佣金，不负盈亏。
三角贸易 triangular trade	指出口商并未与进口国的进口商直接订约，而是由第三方以买方的名义，或受买方的授权与出口商订立购货合同，然后，再以卖方的名义与进口商签订售货合同。

在三角贸易中，第三方只从货款中赚取差额利润，并不直接接手货物，货物仍是直接从输出国运到输入国。

（4）按照划分进出口标准分类

按照划分进出口的标准不同，国际贸易可以分为总贸易和专门贸易。

总贸易 general trade	以国境为标准划分的进出口贸易。凡进入国境的商品一律列为总进口，凡离开国境的商品一律列为总出口。总进口额加总出口额就是一国的总贸易额，过境贸易列入总贸易。
专门贸易 special trade	以关境为标准划分的进出口贸易。当外国商品进入国境后，如果暂时存放在海关保税仓库或放在其他特区内使用而未进入关境，一律不列为进口。从国内运出关境的本国产品，以及进口后经过加工又运出关境的商品，则直接列为专门出口。

通常我国、日本、英国、加拿大、澳大利亚等国家较多地采用总贸易划分标准。美国、德国、意大利、瑞士等国较多地采用专门贸易划分标准。

联合国所公布的各国贸易额，一般都注明是总贸易额还是专门贸易额。

（5）按照贸易清偿方式分类

按照贸易清偿方式的不同，国际贸易可以分为现汇贸易、记账贸易和易货贸易。

现汇贸易是指以现汇结算方式进行交易的贸易。由于现汇在运用上灵活、广泛，可以自由地兑换其他货币，所以，该方式是目前国际贸易活动中运用最普遍的一种。其特点是银行逐笔支付货款，以结清债权、债务，结算方式以信用证为主，辅以托收和汇付等方式。

记账贸易是由两国政府间签订贸易协定或贸易支付协定，按照记账方法进行结算的贸易。其特点是在一定时期内（多为一年），两国间贸易往来不用现汇逐笔结算，而是到期一次性结清。通过记账贸易获得的外汇称为记账外汇，一般仅用于协定国之间，不能用于同第三国的结算。

易货贸易是指商品交易的双方依据相互间签订的易货协定或易货合同，以货物经过计价作为结算方式，互相交换货物的一种交易行为。此种方式比较适用于那些外汇不足，或因其他各种原因无法以自由结汇方式进行相互交易的国家。

1.4 必知四：遵守法律法规

在国际外贸交易中会涉及很多法律法规，国内的、国际的，以及合作方的。如买卖双方订立、履行合同，及处理合同争议时，应遵守合同法和国际相关法律的规定。由于交易双方所处的国家和地区不同，其所在国的法律体系和法律制度不同，他们对外缔结或参加的国际条约与协定，以及对国际贸易管理的选择和运用情况也有所差别。因此，就某笔交易、某个合同和处理某项争议而言，所使用的法律法规、国际惯例也会有所不同。

当前，在国际贸易中常用的法律条文通常有下列3种类型。

（1）国际贸易惯例

国际贸易惯例，通常是指由国际组织或商业团体，根据国际贸易在长期实践中逐渐形成的贸易习惯做法而制定成文的国际贸易规则，它是国际贸易法律的重要渊源之一。在经济全球化和各国积极谋求国际贸易法统一化的进程中，国际贸易惯例起着重要的作用：惯例本不是法律，也不具有法律效力，但通过各国立法和国际立法可以赋予惯例以法律效力。

在当前国际货物贸易中，影响较大且适用范围广泛的国际贸易惯例主要有：国际商会2006年修订的《跟单信用证统一惯例》（UCP600）；1995修订，于1996年1月1日生效的《国际商会托收统一规则》；1998年4月修订，于1999年1月1日生效的《国际备用证惯例》、《2000年国际贸易术语解释通则》以及国际法协会1932年制定的《华沙-牛津规则》等。

在国际贸易中通行的主要惯例均由国际商会制定，主要有：

①《见索即付保函统一规则》（1992年）；

②《跟单信用证统一惯例》（1993年）；

③《国际保付代理惯例规则》（1994年）；

④《托收统一规则》（1995年）；

⑤《国际贸易术语解释通则》（2000年）。

国际惯例是国际法的重要渊源，上述惯例在国际贸易中均得到普遍认可，并共同遵守，是各个国家和地区从事国际贸易必须遵守的。

提示：有关贸易术语的国际贸易惯例主要有三种，即《1932年华沙——牛津规则》《1941年美国对外贸易定义（修订本）》和《2000年国际贸易术语解释通则》。

（2）双边或多边国际公约

在国际货物贸易中，各国政府和一些国际组织为消除国际贸易障碍和解决争议，相继缔结和订立了一些双边或多边的国际条约或公约，其中有些已为大多数国家所接受，并且行之有效。如贸易协定、支付协定，以及有关国际贸易、运输、商标、专利、知识产权和仲裁等方面的条约或公约。

我国对外缔结或参加的有关国际货物贸易方面的双边和多边条约或公约很多，其中，对我国发展国际贸易影响最大的是WTO协定及其附件所包括的各种协议和《联合国国际货物销售合同公约》。

（3）我国国内的相关法律、法规

进出口合同双方当事人都要分别遵循各自所在国国内的有关法律。比如，在国内如果进行一笔外贸交易，首先不能违反《中华人民共和国合同法》。值得注意的是，在交易中，买方或卖方可以任意选择所在国的法律，可以选择买方的相应法律，也可以选择卖方的相应法律，或者经双方同意的第三国的法律或有关的国际条约与公约。否则，当买卖双方未在进出口合同中规定解决合同争议适用的法律，则由受理合同争议的法院或仲裁机构，依据与合同有最密切联系的国家的法律来处理合同项下的争议。

我国相关法律有明确规定，在对外签订的进出口合同中，交易双方可以协商约定处理合同争议所适用的法律法规。

我国现行的与对外贸易相关的法律主要有，1999年3月15日第九届全国人民代表大会第二次会议通过的《中华人民共和国对外贸易合同法》和2004年4月6日第十届全国人民代表大会常务委员会第八次会议通过的《中华人民共和国对外贸易法》。

第2章

了解贸易术语

贸易术语，明确了外贸活动中买卖双方在业务中的权利和义务。不同的贸易术语中，卖方、买方各自所承当的责任、风险是不一样的，同时对合同条款的签订要求也是不一样的。双方需要根据产品特征，自身的需求，以及国家的外贸政策进行有针对地选择。目前通用的术语是《2010国际贸易术语解释通则》规定的11个，接下来将对其进行详细介绍。

2.1 贸易术语

在国际贸易的长期实践中，逐渐形成了各种不同的贸易术语。在一笔出口或进口贸易中，通过使用贸易术语，明确买卖双方在手续、费用和风险方面的责任划分，以促进交易的达成。

贸易术语（trade terms）又被称为价格术语（price terms），是用来表示成交价格的构成和交货条件，确定买卖双方风险、责任、费用划分等问题的专门用语。现行的贸易术语主要有11个，以2010年国际商会通过的《国际贸易术语解释通则》版本为准，下文简称《通则》（INCOTERMS 2010）。该通则将贸易术语分为两大类，如表2-1所列。

表2-1 2010年版《国际贸易术语解释通则》

	适用于任何运输方式	
第一类	CIP – carriage and insurance paid 运费、保险费付至目的地 CPT – carriage paid to 运费付至目的地 DAP – delivered at place 目的地交货 DAT – delivered at terminal 目的地或目的港的集散站交货 DDP – delivered duty paid 目的地完税后交货 EXW – ex works 工厂交货 FCA – free carrier 货交承运人	
	适用于海运和内河运输	
第二类	CFR – cost and freight 成本加运费 CIF – cost, insurance and freight 成本、保险费加运费 FAS – free alongside ship 装运港船边交货 FOB – free on board 装运港船上交货	

2.2 贸易术语的意义

对外贸易作为一种跨国商业活动，习惯、语言等成为买卖双方交流的最大障碍，因此，在长期的实践中形成了一种专业性的交流语言——贸易术语。

这些术语是约定俗成的，适用特定环境，大大方便了交易双方的洽谈或合同订立。

比如，卖方在什么地点交货，是在出口国的装运港还是转运地，由谁来负责办理货物运输的相关手续，是卖方还是买方，以及货物在运输过程中发生意外之后的损失由谁来承担等。这些问题的处理方式都有一种贸易术语相对应。这在某种程度上就对从事外贸的企业或代理人提出了更高的要求——必须掌握与贸易相关的贸易术语，了解每一种贸易术语应承担的责任和义务。

可见，贸易术语的运用对外贸业务的促进是十分重要的，那么这些促进作用表现在哪些方面呢？外贸人员又该如何去理解呢？具体地来讲，有3大方面，如图2-1所示。

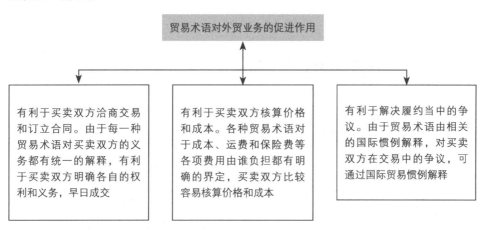

图2-1　贸易术语对外贸业务的促进作用

2.3　贸易术语的分类

为了便于识别和区分这几种术语，我们按照首英文字母的顺序规律进行排序，具体可分为4组——C组、D组、E组、F组。

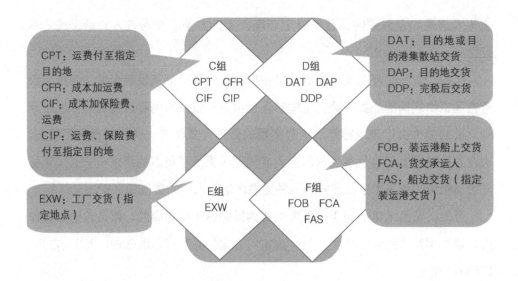

CPT：运费付至指定目的地
CFR：成本加运费
CIF：成本加保险费、运费
CIP：运费、保险费付至指定目的地

C组
CPT CFR
CIF CIP

D组
DAT DAP
DDP

DAT：目的地或目的港集散站交货
DAP：目的地交货
DDP：完税后交货

EXW：工厂交货（指定地点）

E组
EXW

F组
FOB FCA
FAS

FOB：装运港船上交货
FCA：货交承运人
FAS：船边交货（指定装运港交货）

2.4　贸易术语的运用

2.4.1　C组 CPT-CFR-CIF-CIP

（1）CPT

英文	中文翻译	使用场景
CPT（carriage paid to）	运费付至指定目的地	卖方向买方指定的承运人交货，同时支付货物运至目的地前的运费

履行CPT条款，卖方应该这样做：

（1）办理货物出口所需的一切海关手续。

（2）在规定的期限内，将货物交运目的地，并及时通知进口方；负责订立运输契约，并自负货物运送过程中的运费。

（3）取得出口许可证或其他官方批准证件，并支付有关的税费。

（4）提供证明货物已交给承运人的单据。包括具有同等效力的电子信息。

履行CPT条款，买方应该这样做：

（1）取得进口许可证或其他官方批准证件，办理货物进口所需的一切海关手续并支付有关的税费。

（2）承担出口方将货物在约定地点交货后的一切风险和费用。

（3）接受出口方提供的有关单据，受领货物，并按合同规定支付货款。

从上述做法中可以看出，CPT最大的劣势就是风险运费问题，卖方需要承担货物自运输到达目的地之前的风险和运费，包括在运输合同中承诺的铁路、公路、空运、海运、内河运输或上述运输的联合方式。而买方则承担到达之后的风险和费用，包括在运输合同中承诺的铁路、公路、空运、海运、内河运输或上述运输的联合方式。

如果使用承运人将货物运至约定目的地，或到目的地接受货物，风险则自货物交给第一承运人时转移。

案例分析

内地公司A准备向加拿大B公司进口一批大型设备，在合同中，对方及公司提出要按CFR条款签订，而A公司则提出采用CPT条款的条件。双方在使用术语条款上争执不下，最终导致交易未达成。

A公司为什么要求使用CPT条款？这是因为在CPT条件下出口方则必须自负费用，将货物由内地运至装运港口，然后负责装上船，并且负有货物到达目的地之前所有不可预测的风险。相应地B公司坚持用CFR也是因为相关规定对自身而言，具有风险转移、付款延迟、费用和责任减少的优势。

按照2010年《国际贸易术语解释通则》规定，CPT术语适用于各种运输方式，包括多式联运，双方的权利和义务以及责任都有明确划分。这也是外贸业务中，作为买方必须注意的事项。

① 费用和风险界限问题。

根据《通则》要求，货物自交货地点运至目的地运输途中的风险由卖方承担，但货物到达目的地，交给承运人之后运费和风险则买方自负。因此这个运费和风险大小是针对双方约定的目的地而言的。

② 责任和义务界限。

买方应及时将确定的交货时间、目的地通知卖方，以便利于出口方履行交货义务；卖方将货物交给承运人后，应及时通知买方，并做好交接手续，以利于买方及时受领货物。

（2）CFR

英文	中文翻译	运用场合
CFR（cost and freight）	成本加运费	卖方在装运港船上交货，同时支付将货物运至指定目的地港所需的费用

履行CFR条款，卖方应该这样做：

（1）办理货物出口所需的一切海关手续。

（2）在规定的期限内，将货物运输到买方指派的地点，并及时通知买方；并自负货物运送过程中所需的费用。

（3）取得出口许可证或其他官方批准证件，并支付有关的税费。

（4）提供证明货物已交至船上的单据，包括具有同等效力的电子信息。

1

履行CFR条款，买方应该这样做：

（1）取得进口许可证或其他官方批准证件，办理货物进口所需的一切手续。

（2）支付与进口货物有关的一切税费。

（3）负担货物在装运港越过船舷后的一切费用和风险。

（4）接受卖方提供的有关单据，受领货物，并按合同规定支付货款。

从上述做法中可以发现，运用CFR条款卖方只需支付货物运到港口装船的费用，整个过程发生风险的可能性也不太大。因此在实际业务过程中，对出口方是有利的，很多卖方尽可能地多使用这类条款。尤其适合于货物距装运港较近，风险较低的交易。

案例分析

我国A公司曾向荷兰B公司出口一批纺织品，双方在合同中规定，"CFR F印度尼西亚 USD170000，5月底前装运，装运港广州，不可撤销即期信用证付款。"

这家企业在合同规定的期限内，委托C企业利用卡车将货物运往广州港，并及时通知了B企业方面。交接完毕后，由于B企业员工的疏忽，部分产品翻入水中，导致货物基本报废。B公司要求A公司承担部分损失，遭拒绝。

那么，在这种情况下，货物损失责任由谁承担？由B公司承担。因为在CFR条件下，租船、订舱、运送的责任是由卖方负责，而保险投保手续由买方办理。因此，卖方在将货物运送到港口后，风险已经转移到B公司，且及时向买方发出了装运通知。

值得一提的是，B公司可以向保险公司寻求理赔，因为CFR条件下，买方有权办理投保手续。本案中，如果我国A公司运货前未及时向B公司发出装运通知，告知对方明确的到达时间，导致对方损失的，或未能及时办理投保手续的，则应由A公司承担货物损失的责任。

在对外贸易中，CFR对买方而言有相当大的优势，尤其是在风险方面。但并不意味着这个条款就是买方的"保护伞"。

在CFR术语成交的情况下，若没有特别说明，依惯例卸货费用由卖方负担。费用的计算有以下3种方式。

① CFR价=FOB价+运费

② CIF价=FOB价+运费+保险

③ CFR价=CIF价×（1-投保加成×保险费率）

在特定情况下，建立在双方自愿的基础上，也可对CFR灵活运用。如大宗商品交易，由于卸货费用较大，同样要向卖方明确卸货费用由谁承担。期间会产生若干种变形。

如以下4种变形情况：

① CFR liner terms（CFR班轮条件），该术语的变形由卖方承担装卸货费用。

② CFR landed（CFR卸至岸上），该术语的变形由卖方承担卸货费用。

③ CFR under ex tackle（CFR吊钩下交货），该术语的变形由卖方承担卸货费用。

④CFR ex ship's hold（CFR舱底交货），该术语的变形由买方承担卸货费用。

（3）CIF

英文	中文翻译	运用场合
CIF cost, insurance and freight	成本加保险费、运费	卖方从装运港至约定目的地，并自负运费、保险费以及其他费用（限水上运输）

履行CIF条款，卖方应该这样做：

（1）办理货物出口所需的一切海关手续。

（2）在规定的期限内，将货物运输到买方指派地点，或承运人处，但并非保证运抵目的地，及时通知买方，并自负货物运送过程中的运费和保险费用。

（3）取得出口许可证或其他官方批准证件，并支付有关的税费。

（4）提供证明货物已交至船上的单据，包括具有同等效力的电子信息。

履行CIF条款，买方应该这样做：

（1）自负风险和费用取得进口许可证或其他官方批准证件，办理货物进口所需的一切。

（2）自负装货后一切手续办理，并支付所有的费用。

（3）负担货物在装运港越过船舷后的一切费用和风险。

（4）接受卖方提供的有关单据，受领货物，并按合同规定支付货款。

使用CIF卖方需要自负运费和约定的保险费。也可以理解为是在CFR的基础上增加了负责办理货物运输保险，支付保险费的义务。

因此，使用CIF卖方除履行与CFR术语相同的义务外，还要为买方办理货运保险，支付保险费，按照国际贸易惯例，卖方投保的保险金额应按CIF价加成10%。如买卖双方未约定具体险别，则卖方只需取得最低限度的保险险别，如买方要求加保战争保险，在保险费由买方负担的前提下，卖方应予加保，卖方投保时，如能办到，必须以合同货币投保。

那么，对卖方来说，这种方式的优势在哪儿呢？

优势在于卖方虽然安排货物运输和办理货运保险，但并不承担保证把货送到约定目的港的义务，因为CIF是属于装运交货的术语，而不是目的港交货的术语，也就是说CIF不是"到岸价"。到岸价即"成本、保险费加运费"是指在装运港当货物越过船舷时卖方即完成交货。

由此可见，带有CIF条款的合同其实上就是份装运合同，作为买方如果预估货物到达目的地之前，有可能遭受来自外界的影响较大，可以避免使用这种方式，或者与卖方另外商议，改变CIF条款合同。

案例分析

> 英商B向广州某出口公司A进口一批核桃仁，双方在合同中规定："出口方须按CIF于9月15日前运抵目的地利物浦某港口，如无法如期到达，进口方有权单方面取消合同，如货款已收，须将货款退还进口方。"
>
> 在这个例子中，鉴于核桃仁这种商品的时间限制，一来一往耽误时间较长，有可能变质。因此，B公司要求A公司直接运抵目的地。这一要求其实已经改变了CIF的性质。CIF是典型的装运条款，并不负有直接运抵目的地的义务；而该合同规定"如运货船只不能如期到达，买方将视为违约"，这实质上已经转变为货到付款。从这点来看，该合同CIF条款已经发生了转变，尽管名义上仍是按CIF条款进行，实质上并不具有CIF合同性质。

其实，在实际操作中，在一些特定的情况，CIF术语条款有很多灵活使用的方式，具体可转变为以下4种情形：

① CIF liner terms（CIF班轮条件），该术语下，卸货的费用将由卖方承担。

② CIF landed（CIF卸至岸上），该术语下，卸货费用、运费将由卖方承担。

③ CIF under ex trackle（CIF吊钩下交货），该术语的变形由卖方承担卸货费用，但是如果需要返运，费用由买方承担。

④ CIF ex ship's hold（CIF舱底交货），该术语下卸货费用由买方承担。

CIF贸易术语的变形使用，通常改变的是买卖双方费用的承担，并不改变交货的地点和风险划分的界限。所以，即使在CIF术语四种变形成交，也不能与其他术语相混淆。

（4）CIP

英文	中文翻译	运用场合
CIP carriage and insurance paid	运费、保险费付至指定目的地	卖方负有向买方指定的目的地，或承运人交货，同时支付货物运至目的地的运费，承担货物在运输途中灭失或损坏风险的保险

履行CIP条款，卖方应该这样做：

（1）办理货物出口所需的一切海关手续。

（2）自负风险和费用，取得出口许可证或其他官方批准证件。

（3）合同规定的时间或期限内，将货物运达目的地或交给承运人。

（4）办理货物出口所需的一切海关手续并支付有关的税费。

（5）支付将货物运至目的地的一切费用和风险。

履行CIP条款，买方应该这样做：

（1）取得进口许可证或其他官方批准证件，办理货物进口所需的一切手续，并支付相应的手续费、税费等。

（2）承担货物到达目的地或承运人后的一切费用风险。

（3）接受卖方提供的有关单据，受领货物，并按合同规定支付货款。

使用CIP术语，也是卖方自负义务比较多的一类，需要支付的费用有保险费/出口费/运费（从出口地点一直到对方取货的指定地点）。需自拟订立进出口协议，并将货物运至目的地，并自负CIP条款下的运费和风险，负责办理保险手续并支付保险费。

CIP条款下，要求卖方须将货物运抵目的地或交付承运人，这无形中就增加了运输费用和风险，这时如何投保，尽可能地减少自身损失就显得非常重要了。

上海某钢铁厂Y与巴西某公司W达成以CIP条件进口一批铁矿，公司W为减少自身的风险和损失，在合同中明确规定："由买方投保，并按发票金额额度100%赔偿货物在运输途中可能造成的损失。"

对方装运完毕以后，钢铁厂Y支付了货款，而货轮在运输途中遇险导致部分货物沉入海底。Y公司随即凭保险单要求保险公司赔付，而且得到了110%的赔偿。此时，W公司却提出分享超出发票金额10%赔付款的一半，遭到Y的拒绝。

这个案例中，W公司的要求显然是不合理的，依惯例合同中如果未约定保险赔付率，则在支付款的基础上加10%为准。但本案中，买卖双方已在合同中规定"由买方按发票金额的100%投保"，因而Y公司有权独享保险公司所赔偿的全部金额。

保险费是对外贸易中非常重要的一笔费用，尤其是在运输途中可能造成巨大损失的，更应优先考虑。CIP条款对保险金额费做了明确的规定："如果约定赔偿率（不超过30%），保险公司按约定的赔付率赔偿；如果未约定保险赔付率，则在支付款的基础上加10%进行赔付。"这也使得使用CIP术语的风险发生了转移。

CIP与CIF的异同：

CIP与CIF有相似之处，即它们的价格构成中都包括了通常的运费和约定的保险费，而且，按这两种术语成交的合同均属于装运合同。但CIP和CIF术语在交货地点、风险划分界限以及卖方承担的责任和费用方面又有其明显的区别。

主要表现在：

① CIF适用于水上运输，交货地点在装运港，风险划分以装运港船舷为界，卖方负责租船订舱，支付从装运港到目的港的运费，并且办理水上运输保险，支付保险费。

② CIP术语则适用各种运输方式，交货地点要根据运输方式的不同由双方约定，风险是在承运人控制货物时转移，卖方办理的保险，也不仅是水上运输险，还包括各种运输险。

2.4.2 D组 DAT-DAP-DDP

（1）DAT

英文	中文翻译	运用场合
DAT delivered at terminal	目的地或目的港的集散站交货	卖方按照买方指定的边境目的地交货，同时承担从出货开始，到买方目的地收货的所有费用

👆 履行DAT条款，卖方应该这样做：

（1）自担风险和费用，取得出口许可证或其他官方许可或其他必要文件，以及出口国过境所需的一切海关手续。

（2）必须在约定日期或期限内，在指定的边境交货地点，将仍尚未卸货的商品交给买方处置。

（3）必须承担货物到达边境前有可能的一切风险，直至货物按照合同规定交到买方手中为止。

（4）必须支付交货前与货物有关的所有费用，一切关税、税款和其他费用。

（5）货物运送至目的地之前，及时地通知买方，以及要求对方做好其他准备的通知。

（6）帮助买方取得由装运地或原产地所签发或传送的、为买方进口货物可能要求的和必要时从他国过境所需的任何单据或有同等作用的电子信息。

（7）提供符合销售合同规定的货物和商业发票或有同等作用的电子信息，以及合同可能要求的、证明货物符合合同规定的其他任何凭证。

👆 履行DAT条款，买方应该这样做：

（1）收货后按照合同规定支付足额货款。

（2）自行办理进口货物的许可证或其他相关官方证件或必要文件的义务，并需要支付办理一切海关证件手续的费用。

（3）必须在卖方按合同规定交货时准时受领货物，并出示与交接货物有关的凭证、运输单据或有同等作用的电子信息。

（4）领取货物之后，同时也开始承担自交货之时起可能带来的一切风险（如买方未按照B7规定通知卖方，则必须从约定交货日期或交货期限届满之日起，承担货物可能有的一切风险。）

（5）将具体接货时间或地点告知卖方。

（6）支付自卖方交货起与货物有关的一切费用，包括在边境指定的交货地点将货物从交货运输工具上卸下以受领货物的卸货费；以及未按时领货造成的损失和费用。

（7）支付因获取单据或有同等作用的电子信息所发生的一切费用，并偿付卖方因给予协助而发生的费用。

DAT贸易术语用于边境交货，适用于任何运输方式或多式联运，目的地包括海、陆等所有的港口。通常只有当货物经由海运、内河运输或多式联运且在目的港码头卸货时才使用。在使用该术语时应该明确作为卖方所要履行的义务，按照规定，卖方应承担从货物装运到目的港卸货后这段时期内所有的责任。

案例分析

> 东北某公司A与沙特某公司E以DAT的方式进口一批石油。合同中E公司必须在合同规定的期限内将货物运到买方某目的港，并以直运提单办理了议付，沙特开证行也凭议付行提交的直运提单接受了付款。
>
> 承运船驶离港口后，在途经某港时半轮发生故障，因此中途耽搁了行程，致使晚两天抵达目的港，从而影响了A公司正常的使用，为此，遂向E公司提起了索赔要求。
>
> 这个实例中A公司的索赔较为合理，理由是，按照DAT条款的规定货物在运抵目的地之前，所有的责任和风险均由卖方承担。E公司在运输途中，因运输工具发生故障致使交货期延后，尚处于卖方履行义务的期间，因此应该承担所有的责任。

DAT强调的是"运输终端交货"，所谓的"运输终端"是指进口国境内任何地点，不论该地点是否有遮盖，例如码头、仓库、集装箱堆场或公路、铁路、空运货站，卖方负有将货物从到达的运输工具上卸下的义务。

这一点与INCOTERMS 2000年中的DEQ类似。DAT是INCOTERMS 2010年后新增的一个术语，代替了INCOTERMS 2000年中的DEQ术语。在2010年《国际贸易术语解释通则》的新版本中明确规定用DAT取代了原先的DEQ。

DEQ是在"目的港码头交货"，卖方所承担的责任仅限于将货物运至目的地港口并卸至码头，而不负责再将货物由码头搬运到其他地方。这也是DAT较之前的DEQ不同的地方，好处是更加方便实用，尤其是在集装箱运输中卸货后不用进入堆场并等待再次运输。在集装箱货物运输中，集装箱可能会在某港口而并非直接卸货港码头，这是原来的DEQ所不涉及的。

尽管DAT的交货地点不再受码头的限制，但所承担的责任扩大了，需将货物交到合同约定的运输终端。另外值得注意的是，贸易双方在使用贸易术语的时候，应该注明使用的是哪个版本的，避免不必要的误会导致贸易纠纷。

（2）DAP

英文	中文翻译	运用场合
DAP delivered at place	目的地交货	卖方将货物运送到达买方指定的目的地后，将装在运输工具上的货物交由买方，（不用卸载）即完成交货

与DAT一样，DAP也是一种边境交易术语，使用DAP术语订立的合同，无论是卖方还是买方，所承担的义务也基本与DAT类似。不同的是，卖方按双方的约定将货物运至目的地即可，将装在运输工具上的货物（不用卸载）交由买方处置即算完成交货。

同时，DAP也是2010年《国际贸易术语解释通则》新增设的一个术语，取代了2000年版本中的DAF、DES和DDU三个术语，即DAF（delivered at frontier）边境交货、DES（delivered ex ship）目的港船上交货、DDU（delivered duty unpaid）未完税交货，且扩展至适用于一切运输方式。

可见，DAP是DAF、DES和DDU三个术语的合体，既具有三者的某些特征，又不完全相同。为了更好地区分DAP与三者之间的关系，需要先了解下三者的概念和意义，具体如表2-2所列。

表2-2　DAF、DES和DDU三术语

名称	中文翻译	意义
DAF	边境交货	卖方将货物运抵目的地（仅限边境，包括出口国边境）交给买方，办理完毕货物出口清关手续但尚未办理进口清关手续时，即完成交货
DES	目的港船上交货 （范围局限）	卖方将货物运至指定目的港，并在船上交易，双方共同承担责任、费用和风险。只能适用于海运和内河航运
DDU	目的港未完税交货	未完税交货是指卖方在指定的目的地将货物交给买方处置，不办理进口手续，也不从交货的运输工具上将货物卸下，即完成交货

（3）DDP

英文	中文翻译	运用场合
DDP delivered duty paid	目的地完税后交货	指卖方将货物运抵买方指定的目的地，并办理完进口清关手续。同时承担货物至指定地点的一切风险和费用

关于DDP条款下的卖方义务，除了需承担以上DAT/DAP提到的所有内容外，还必须承担进入买方（进口国），过海关所需的一切手续，并承担其产生的相应费用和风险。按照规定，买方只有协助的义务，即当应卖方要求时，买方须给予一切协助，帮助卖方办理海关货物进口所需的证件，如进口许可证及其他官方许可证件。

从这个角度看，DDP也被卖方认为是风险最大的一种贸易方式，是其他几种方式所没有的。换句话说，就是在整个交易中，所有的费用、风险都由卖方承担。

案例分析

我国T企业向澳大利亚某公司G进口一批木材，装运完成之后对方要求我方支付货款。我方在付款单上发现多出了一笔驳运费，并对此提出异议，要求撤销这笔费用。对方回复是由于目的地港口海水较浅，大船无法停泊，需转运小船，而因此产生的这笔驳运费需买方承担。因此，对方要求T公司自行承担这笔费用。

这个案例中，对方所提的要求是不符合DDP条款的，DDP要求出口方必须承担货物运抵目的地之前所有的费用。在国际贸易中驳运费指的是海港到内支线或小港口支线所产生的费用，这笔费用应该列入合同之内。

上述案例中，双方的分歧主要在于"驳运费"上，双方为什么会如此斤斤计较？这正体现了DDP这种条款的难度。出口方不想承担太多的风险，进口方也不想轻易投入不该投的成本。DDP的风险性主要体现在以下几个方面。

虽然DDP对卖方来说是风险最大，成本最高的一种贸易条款，对出口国极为不利，但随着时代的发展，国际贸易市场供需形势的转变，作为卖方也需要换个角度来看待这个问题。当前的事实是，这种方式是目前国际贸易中使用最广泛的一种，尤其在美国、法国、俄罗斯等国。因为从买方角度来看，越来越多的国家崇尚一手交钱，一手交货，我出足钱，你将货物完美地呈现在我眼前就行了，而不愿意插手中间某个环节的琐碎事务。

报价环节较多	由于DDP是完税后交货，因此卖方不但承担货物运至指定目的地的一切风险和费用，还需要缴纳进、出口手续所有税费。在这个过程中收费项目非常多，自身国的，对方国的，且如果对进口国关税政策不了解的话，还可能产生更多的额外花费。这为出口方做预算增加了不少难度。

办理手续复杂	使用DDP，卖方需要办理进口国的一切手续，这其中有些环节很有可能是非常麻烦的，尤其是在遇到不了解进口国海关或其政府部门对该类货的政策时。如果不事先了解清楚这些，当货物到达目的港后，一切都晚了。办理手续的繁杂也是很多出口国不愿意采用这种方式的主要原因。

风险不易发生转移	在DDP下，卖方的风险一直要持续到将货物交到客户手中为止，在交货前整个过程中出现任何差错都得卖方买单。且这个过程比其他方式都要漫长，必要时甚至需要运送到买方仓库。反观，买方几乎没有任何风险，这也使得风险严重不对等，没有转移的空间。这也为做DDP的出口方提了个醒，在发货前必须办理货物运输险，以保证出问题后保险公司可以理赔一部分。

从卖方角度来看，更需要完善自己的服务体系，为客户提供一体化、一站式的服务。且随着互联网的发展，电子贸易的普及，国与国之间贸易障碍越来越小，进出口手续办理越来越简单，卖方为买方提供DDP式的服务，成本和风险将进一步缩小。

由此看来，使用DDP交易风险防范是第一位的，但也要有化被动为主动，化不利为有利的勇气。做贸易，利润与风险是呈正比的，尽最大可能将风险控制在最小范围内，就可以获得更丰厚的利润。

2.4.3 E组 EXW

EXW

英文	中文翻译	运用场合
EXW ex works	工厂交货（指定地点）	卖方在其所在地或其他指定的地点（如工场、工厂或仓库）将货物交给买方处置时，即完成交货

履行EXW条款，卖方应该这样做：

（1）须按照合同规定的标准，向客户提供合格的货物，并将商业发票，证明货物符合合同规定，或有同等作用的其他相关凭证准备齐全。

（2）准备发货，发货后或者发货情况有所改变，要及时通知买方。

（3）在发货前，出口商必须对货物的规格、数量、包装以及其标准重新核对一遍。并支付将货物交给买方处置所需进行的查对费用（如查对货物品质、丈量、过磅、点数的费用）。

（4）协助买方办理许可证、其他许可和手续。由于在EXW条款中，办理海关手续，许可证等手续，以及一切承当风险和费用都由买方自行承担。因此，出口方有义务协助对方，为对方提供一切便利条件，以获得交易出口所需的出口许可证或其他官方许可。

（5）应买方要求，卖方必须向买方提供投保所需的信息。

履行EXW条款，买方应该这样做：

（1）及时、足额地按照销售合同规定支付价款。

（2）办理货物进出口时海关所需的一切证件，并支付由此而产生的所有费用。

（3）自负由卖方发货后，货物运输过程中产生的所有费用和风险。

（4）通知卖方，一旦买方有权确定在约定的期限内受领货物的具体时间或地点时，买方必须及时通知卖方。

（5）买方必须向卖方提供已受领货物的适当凭证、交货凭证、运输单据或有同等作用的电子信息。

（6）接受卖方（出口国）对货物的检验，包括有关当局强制进行的检验。

与DDP相反，在国际贸易中EXW被卖方认为是风险最小、成本最低的一种形式。这是因为，这种方式明确规定：卖方将交货地点定在己方，并且是自己熟悉的、可以掌控的环境，如自己所在的公司、工厂、仓库等，只须将具体时间、地点告知买方就算完成任务。对运输途中所产生的费用、包装所需的费用，以及预期造成的损失，均由对方承担。

案例分析

　　湖南S公司与英国T公司签订了一份茶叶买卖协议，双方约定按照EXW条件交易。合同中约定买方8月份提货，卖方必须于8月1日前将货全部运输至仓库，为便于运输，双方协商尽量靠近开阔地，于是S公司最终定在了一个靠近海边的工场。

　　S公司将货物准备妥善后，将时间和地点及时告知买方。而T方直到8月中旬才姗姗来迟，在验货过程中，由于受到海水湿气的侵蚀，一部分茶叶变霉，买方当即要求更换这部分茶叶。

　　双方为此发生争执，交易未果。

　　在这个案例中，很明显买方存在违约行为，卖方S公司如期将货物运送至指定地点，并及时通知买方，已经尽到了应尽的义务；而T公司无故拖延，有严重的违约行为，造成的损失应该由自身承担。

　　按照相关的规定：进口商T公司应对发霉变质的那一部分茶叶负全部责任，同时应支付延迟15天取货而导致S公司多支付的仓租费、管理费及其他费用。

　　EXW作为国际贸易中非常重要的一个术语，与接下来讲到的FAS一样，都是卖方约定交货地点。这虽然有利于出口方的工作开展，但也并不意味着可以推卸所有的责任。很多事情是多因素造成的，就像上例中的S公司一样，严格上讲也应附有看管不严的责任，尽管买方没有如期到达取货地点，但出于对货物的保护应该做好防范措施，一方面要与买方及时沟通，搞清楚具体的原因，同时要做好保护措施，也可以更换交易地点。

　　值得注意的是，所有的更改都必须建立在双方协商一致的基础上。因此，在实际交易中，很少有完全按照某种交易形式去做的，大多是以某种术语条款为主体，同时根据双方的数据情况做一定的变通。

　　如买方希望卖方承担货物装载，货物运送，或者某种费用等；希望卖方直接或间接地办理出口手续等。不过，这些特殊条款与EWX是相违背的，若需要则必须在合同中明确规定。

2.4.4 F组 FOB –FCA –FAS

（1）FOB

英文	中文翻译	运用场合
FOB free on board	船上交货	卖方应在合同规定的装运港和规定的期限内将货物装上买方指定的船只，买方负责派船接运货物

FOB条款，卖方应该这样做：

（1）办理货物出口所需的一切海关手续。

（2）支付办理证件、货物运输途中需要的相关税费。

（3）自负货物在运输途中，交接之前产生的一切费用和风险。

（4）按照合同将货物交指定的地点，并负责及时通知买方。

FOB条款，买方应该这样做：

（1）向船公司或代理租船订舱，及时告知卖方租船订舱的有关信息。

（2）装船前向卖方发出装船通知。

（3）向保险公司投保。

（4）装运货物，取得海运提单。

（5）向卖方提交有关单据，收取货款。

（6）凭海运提单向船公司提货。

FOB（free on board的首字母缩写），又称"离岸价"，是国际贸易中常用的贸易术语之一。按离岸价进行的交易，买方负责派船接运货物，卖方应在合同规定的装运港和规定的期限内将货物装上买方指定的船只，并及时通知买方。货物在装运港被装上指定船时，风险即由卖方转移至买方。

在FOB条款下，交、接货是一个非常重要的环节，也是最容易出问题的环节。这个装运港通常为指定的港口，如果卖方没有按合同规定的时间，或者没有在规定的地点，或者交货后没有及时通知买方，而致使买方不能及时购买运输保险，致使货物在运输途中损失的，卖方则必须承担由此产生的费用和损失。而买方不承担责任。

值得一提的是，约定之后最好不要轻易改变，即使有必要做出改变也要提前通知对方。否则，一旦出现差错就需要赔偿相应的损失，承担相应的责任。

　　2015年3月5日，我国上海某外贸公司与法国一公司签订了一份3万公吨大米出口合同。双方在合同中明文规定："FOB巴黎，中方所租载货船舶必须于3月20日之前抵达巴黎装运港，如果由于装货船舶延迟抵达而使对方遭受的任何损失和额外费用由中方负担。"

　　3月10日，也就是合同签订后的第5天，由于租船市场船源紧张，对方以口头形式通知我公司，并希望延迟1个月装运。但是，因货物早已备妥待运，如果延迟1个月，势必会对我方造成很大的损失。比如，造成利息、仓租、保险费等费用的损失。于是，我公司立即复电对方不同意延迟，而且必须在3月20日之前派船抵达指定地点。

　　3月20日，对方没有如期到达指定港口接运货物，次日夜，由于货物储存地所在的港口遭受到了特大风暴袭击，导致货物受损严重。我公司闻讯，立即致电该公司，告知货物受损情况要求法国该公司承担其损失，包括货损、仓租、保险费等。对方认为不应该承担该损失，中方按照合同的FOB条件提起上诉，法院认为，"在FOB条件下，货物虽然尚未交付，但风险已经转移，故法国该公司应该承担所有责任，并赔偿其经济损失。"

　　可见，在履行FOB条款的时候，买卖双方都需要严格履行合同操作，不能有丝毫的马虎大意。作为一名外贸工作人员或进出口商最关键的一点就是要明确自身的义务，明确买卖双方的基本义务。

　　如果你是一位进口方，在运用FOB条款时，同样需要了解履行什么样的义务。

　　重庆某公司从美国进口5000件瓷制品，对方报价为每件10美元，FOB Vessel New。我方如期将金额为50000美元的不可撤销即期信用证开抵美商，而在证中没有明确使用何种贸易术语，对方也不知引用何惯例。美方收到信用证后立即提出改证，要求将信用证金额增加至51000美元，这多出来的1000美元作为出口关税及签证费用。否则，有关的出口关税及签证费用将由我方另付。

根据FOB惯例的规定，美商的要求是合理的。因为根据本案的案情可知，美商依据的有关贸易术语符合《1941年美国对外贸易定义修订本》。根据该惯例的规定，卖方有必要要求买方支付、协助提供出口单证的费用、出口税以及因出口产生的其他费用。而我方在开出的信用证中未包含此项费用。

在FOB条款中，装货费用若没有特别的规定，按照国际惯例通常由卖方承担。但在大宗贸易中，这一情况也会有所改变，FOB术语也有一定的变形。由于装货费用较大，买方必须明确装货费用由何方承担，否则，卖方将会视为由买方承担。

作为进口方需要注意以下5点。

① 办理货物进口所需的一切海关手续，进口许可证以及其他官方批准证件。

② 自负风险和费用，办理货物进口并支付有关的税费。

③ 按照合同指定的港口，于规定日期或期限内，派船只接运货物，并及时给予通知。

④ 提供商业发票等证明交货的通常单据，协助卖方取得运送单据或双方同意的数据交换信息。

⑤ 负担货物在指定装运港越过船舷时为止的毁损或灭失的一切风险及费用。

（2）FCA

英文	中文翻译	使用场景
FCA（free carrier）	货交承运人（指定地点）	卖方将货物在指定的地点交给买方指定的承运人，并办理了出口清关手续，即完成交货

FCA条款，卖方应该这样做：

（1）在合同规定的时间或期限内，将货物交给买方指定的承运人，并及时通知买方。

（2）自负风险和费用，取得出口许可证或其他官方批准证件，办理货物出口所需的一切海关手续并支付有关的税费。

（3）承担货物在约定地点交给第一承运人处置之前的一切费用和风险。

（4）自负费用提供证明货物已交给承运人处置的通常单据。如果买卖双方约定采用电子通信，则所有单据均可被具有同等效力的电子数据交换（EDI）信息所代替。

FCA条款，买方应该这样做：

（1）负责指定承运人，签订运输合同，支付运费，并通知卖方。

（2）自负风险和费用，取得进口许可证或其他官方批准的证件，办理货物进口所需的一切海关手续并支付有关的税费。

（3）承担货物在约定地点交给第一承运人处置后的一切风险。

（4）接受卖方提供的有关单据，受领货物，并按合同规定支付货款。

根据新《通则》的规定，FCA条款下，卖方负责办理货物出口清关手续，将货物在合同约定的时间和地点内交至承运人处置，并及时通知买方才算完成交易，并承担这一过程中所有的损失和风险。

 案例说明

我国某公司以FCA贸易术语向南非出口一批货物，双方约定由我方代为指定承运人并垫付有关运费，最迟的装运期为4月12日。我方业务员于4月10日将货物交给我方代为指定的承运人并于当天通知买方，承运人收妥货物后存于仓库待运。4月12日，由于仓库电线短路起火，全部货物被烧毁。当南非商人得知货物被毁后拒付货款和运费。

南非商人的拒付是否有理，为什么？南非商人的拒付是无理的。依2000年《通则》的规定，买方负担货物在约定地点交给承运人处置后的一切费用和风险，若买方要求卖方代为指定承运人并订立运输合同，货物交给承运人处置后的风险和费用仍由买方承担。本案中，我方只是代为指定承运人并垫付有关运费，货物烧毁是在我方交货后发生，其风险应由买方承担。

这里有一个非常重要的节点就是"承运人"，所谓的"承运人"是指本人或者委托他人以本人名义与托运人订立海上货物运输合同的人。

在货运合同中，承运人的责任一般说来主要是保证所运输的货物按时、安全地送达目的地。因此，承运人应对货物在运输过程中发生的货物灭失、短少、污染、损坏等负责。一旦发生此种情况，应按实际损失给予赔偿。这种损失必须发生在承运人的责任期间内。承运人的责任期间一般是从货物由托运人交付承运人时起，至货物由承运人交付收货人为止。

在运输过程中，承运人需要按照合同规定履行自己的义务，而违反合同后应承担相应的责任。具体如表2-3和表2-4所列。

表2-3　承运人的义务

内容	内容概要
保证货物的完好	按合同规定的期限、数量、起止点，合理调派车辆，完成运输任务。运输途中承运人应当妥善地、谨慎地装载、搬移、积载、运输、保管、照料和卸载所运货物
按规定运抵目的地	按照约定的或者习惯的或者地理上的航线将货物运往卸货港
实行责任运输	安排装货的车辆，货箱要完整清洁，货物要捆扎牢固，苫盖严密。运输途中要定时检查，发现异常情况，及时采取措施，保证运输质量
按照规定装卸	负责装卸时，应严格遵守作业规程和装载标准，保证装卸质量
同托运人达成协议	承运人在舱面上装载货物，应当同托运人达成协议，或者符合航运惯例，或者符合有关法律、行政法规的规定

表2-4　承运人的4项责任

内容	内容概要
1	按照规定，承运人对货物运输期间，货物处于承运人掌管之下的全部期间，货物发生灭失或者损坏，除特殊情况外应当负赔偿责任
2	货物未能在明确约定的时间内，在约定的卸货港交付的，即迟延交付，并致使货物灭失或者损坏的，承运人应当负赔偿责任
3	上述情形延迟交付，并致使货物遭受经济损失的，即使货物没有灭失或者损坏，承运人仍然应当负赔偿责任
4	承运人违反规定将货物装载在舱面上，致使货物遭受灭失或者损坏的，应当负赔偿责任

注：1. 货物灭失的赔偿额，按照货物的实际价值计算；货物损坏的赔偿额，按照货物受损前后实际价值的差额或者货物的修复费用计算。
　　2. 货物的实际价值，按照货物装船时的价值加保险费加运费计算。
　　3. 前款规定的货物实际价值，赔偿时应当减去因货物灭失或者损坏而少付或者免付的有关费用。

需要说明的是，使用该术语时还需要明确交货地点，交货地点的选择对于整个外贸活动会产生决定性的影响。若选择在卖方所在地交货，卖方则应负责装货，通常以货物被装上买方指定的承运人或代表买方的其他人提供的运输工具时算完成交易。

若指定的地点是在除卖方所在地之外的其他任何地点，卖方则应承担货物在运输工具上，尚未卸货、交给买方指定的承运人或其他人之前这段时间所有的责任。

若双方都没有约定具体交货点，且有多个交货点可供选择时，卖方可以根据自身情况选择最适合的交货点。

除此之外，应注意的问题有以下两个。

① 风险转移的问题。

买卖双方风险转移以货交承运人处置时为界。如果买方未能及时给予卖方有关承运人名称和其他事项的通知，或者他所指定的承运人未能接受货物，则自规定交付货物的约定期限届满之日起，买方承担货物灭失或损坏的一切风险。

② 责任和费用的划分问题。

买方自行订立运输合同并承担运费。如买方要求卖方代为指定承运人并订立运输合同，在由买方承担风险和费用的情况下，卖方可以接受。买卖双方承担费用的划分以货交承运人为界。

（3）FAS

英文	中文翻译	使用场景
FAS free alongside ship	船边交货 （指定装运港交货）	卖方在指定的装运港将货物交到船边，即完成交货。买方必须承担自那时起货物灭失或损坏的一切风险

> 卖方应该这样做
>
> （1）向买方提供符合合同标准的货物，并出示合同规定的货物样本、商业发票或有同等作用的信息，或者是符合合同要求、能证明货物符合标准的其他凭证。
>
> （2）取得许可证、其他许可和手续。在出口贸易之前，出口商必须取得任何出口许可证或其他官方许可，并自担办理货物出口所需的一切海关手续风险和费用。
>
> （3）交货。办完一切手续之后，在约定的日期或期限内，出口商必须按照该港习惯方式和合同规定将货物运送到合同中约定的地点，即买方指定的装货地点。

（4）通知买方。当货物运送到预定地点之后，要及时通知对方，并主动说明货物已交至指定的船边，出示相关交货凭证、运输单据或有同等作用的电子信息。如果合同中没有明确规定，出口商必须支付与货物有关的一切费用，直至已按照交货规定交货为止；有时，在办理海关手续时，若没有特别要求，还应该承担起货物出口应办理的海关手续费用及应缴纳的关税、税款和其他费用。

（5）查对、包装、标记。卖方必须支付为按照交货所需进行的查对费用（如核对货物品质、丈量、过磅、点数的费用）。

（6）其他义务。应买方要求并由其承担风险和费用，卖方必须给予买方一切协助，以帮助买方取得由装运地国或原产地国所签发或传送的、为买方进口货物可能要求的或从他国过境所需的任何单据或有同等作用的电子信息。

🖐 买方应该这样做

（1）支付价款。买方必须按照销售合同规定支付价款。

（2）许可证、其他许可和手续。买方必须自担风险和费用，取得任何进口许可证或其他官方许可，并在需要办理海关手续时，办理货物进口和从他国过境所需的一切海关手续。

（3）买方必须自付订立自指定的装运港运输货物的费用。

（4）受领货物。买方必须在卖方按照合同规定交货后，按时受领货物。

（5）风险转移，买方必须承担货物灭失或损坏后可能造成的一切风险。

（6）需要办理海关手续，承担货物进口应交纳的一切关税、税款和其他费用，以及办理海关手续的费用，以及从他国过境的费用。

（7）收获后通知卖方，给予卖方有关装运船只、装船地点、装船时间等信息，同时出示交货凭证、运输单据或有同等作用的凭证。

（8）买方必须对货物进行检验，并支付任何装运前检验的费用，除出口国有关当局强制进行的检验外。否则，应按照卖方要求验货，支付费用。

FAS，中文的意思是"船边交货"，是英文"free alongside ship"的缩写。在国际贸易术语中，这是一个传统的术语，仅适用于海运或内河运输。2010年新《国际贸易术语解释通则》（INCOTERMS 2000）对其做了如下规定："船边交货（指定装运港）"是指出口商将货物运抵装运港，将货物交到指定船边即完成交易。自那时起货物灭失或损坏的一切风险，均有买方来承担。

在FAS术语交易中，装运港码头或运输船上为货物的交接地。与以上几种术语的运用一样，在执行上需要履行相同的义务。不同的是，出口商应该负责在货物运抵装运港之前的一切费用损失，将货物放置在码头或船上靠近船边风险即发生转移，总之，这种方式买方承担的责任和风险比较多。

案例分析

我国广州某公司从马来西亚国进口一批制造工具，合同规定以FAS术语方式交易。合同签订后，中国银行广州分行（开证行）根据买方指示向卖方开立一份不可撤销的即期信用证。货物装运完毕，卖方获得信用证要求的全套单据后，即到议付行办理议付。经审查，单证相符。

与此同时，载货船离开马来西亚港，但是由于在航行途中遇到意外事故，货物受损严重。我方得知货物受损的消息，立即要求开证行对此信用证项下的单据拒绝付款。此时，却遭到了开证行拒绝。

开证行拒绝是有道理的，因为按照FAS条款规定，要求开证行拒付实质为撤销信用证。而未经有关当事人同意不得撤销。FAS条款及交易条件下，开证行处理的是单据业务，只要单证相符，银行必须承担其付款义务，而不管货物是否完好。有关货物受损，我方应向有关责任方索赔。

值得注意的是，在运用FAS条件成交时，出口商还必须办理出口结关手续、出口清关手续以及出口国政府签发的有关证件。这一点正好与以前版本的要求相反，以前版本要求买方安排办理出口手续。这是2010年新《通则》对旧《通则》的一个实质性变更，即把FAS须由买方负责办理出口结关手续和提供出口国政府签发的有关证件改为由卖方负责。当然，如当事方希望买方办理出口手续，需要在销售合同中明确写明。

第3章

熟悉交易凭证

外贸交易过程中每个环节都会涉及许多单据和凭证，如信用证、汇票、本票等资金提单，海运提单、空运提单等运输单据，以及商检单证。正是这些文件保证了外贸活动的正常运行。根据国际商会对国际贸易中涉及的凭证做的一个统计，主要有12个。这章我们就对这些凭证做一一介绍。

3.1 信用证

信用证（letter of credit，L/C），是国际贸易中买卖双方支付业务中最主要、最常用的凭证之一。通常由申请人（买方）向银行提出申请，并按其指示向受益人开立的，带有明确金额和期限的，付款书面保证文件。

3.1.1 信用证的开通条件

信用证的开通至少要满足三个基本条件，关于这三个条件我们从其概念中便可看出，"信用证是由银行（开证行）依照（申请人）要求和指示或自己主动，凭规定单据向第三者（受益人）或其指定方进行付款，保障受益人利益的书面文件"。对此，稍加分析，就不难发现申请人、开证行、受益人是信用证的三要素，且相互之间存在着相互制约的关系。具体如图3-1所示。

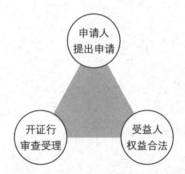

图3-1 信用证三要素及相互关系

三要素是信用证申请的必要条件，缺少任何一个都无法成立。在明确了信用证三要素之后，还需要对信用证的内容有个清晰的认识，一个完整的信用证包括哪些内容呢？总结起来有8点，如表3-1所列。

表3-1 信用证包括的内容

项目	内容概要
对信用证本身的说明	如其种类、性质、有效期及到期地点
对货物的要求	根据合同相应条款进行描述
对运输的要求	根据合同相应条款进行描述
对单据的要求	即货物单据、运输单据、保险单据及其他有关单证
特殊要求	双方协商，或者根据合同相应条款进行描述
开证行对受益人及汇票持有人保证付款的责任文句	开证行按规定填写
银行间电汇索偿条款	开证行据实按规定填写
备注	国外来证大多数均加注："除另有规定外，本证根据国际商会《跟单信用证统一惯例》，即国际商会600号出版物（UCP600）办理。"

3.1.2　在外贸业务中的作用

信用证，就是在卖方和买方之间建立了一座"诚信的桥梁"，卖方只有严格按合同规定履行完之后，做到货单一致、单证一致、单单一致，才能凭着信用证到相应的银行提取货款。

可见，信用证就是一个付款/提款的承诺，目的就是督促买卖双方履行各自的义务。双方均满意之后才能在银行的监督下完成支付行为。

案例分析

吉林A公司在春交会上与日本B公司成交一笔银耳出口贸易，双方在合同中明确规定，以不可撤销即期信用证付款。

A方按照预定的日期应于2015年7月1日装船发货，6月20日，A公司就收到了B公司委托中国银行转来的一份由日本东京银行开立的不可撤销即期信用证。证中规定偿付行是美国纽约的花旗银行。

6月底A公司正准备发货，日本的这家公司却因资金问题要求撤销这笔贸易。得知这个消息之后，A公司一方面按照合同规定如期发货，另一方面做了对方不能如期汇款的准备。A公司负责人要求下属必须于7月1日准时发货，并严格按照信用证要求提交全套合格单据。然后向中行办理议付后由中行向偿付行索偿。

这个案例中，A公司的做法是正确的，因为信用证支付是以银行信用为担保的，是一种信用支付方式，在开证行开出信用证时无论在什么情况下都不能私自违约。若出现问题应该由开证行承担第一付款责任。本案例中开证行日本东京银行、偿付行美国花旗银行均应承担一定的付款责任。

可见，信用证在国际贸易支付行为中起着非常重要的监督、约束和规范作用。

3.1.3　信用证中的银行角色

进出口双方同意用信用证支付后，进口方（买方）便有责任开证，接下来就是到银行申请开通。了解一下如何开办信用证，以及银行在信用证办理流程中的角色，如图3-2所示。

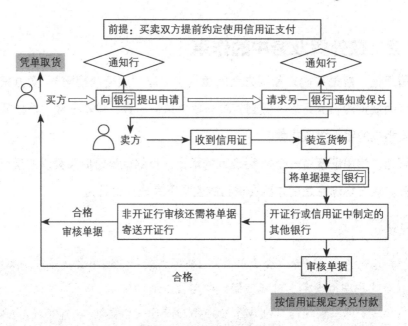

图3-2　信用证开通流程

　　从上面的流程中可以发现，银行在信用证开通以及整个业务流程中都扮演着重要角色。银行遵循的是"单单一致、单证一致"的原则，只要卖方提交的单据与信用证上的信息完全一致，开证银行就有履行支付货款的职责，同时也要通知买方凭单提货。

　　可见，正是银行的介入，双方的贸易才得以顺利进行。开证银行以自己信用作保证，扮演着买卖双方中间人的角色。除了办理信用证主体银行——开证行之外，还会有负责通知卖方开通、领取信用证的通知银行（advising bank），负责支付卖方货款的付款银行（信用证中指定，未指定的则由开证行负责）。涉及三方交易或多方交易的，还需要有议付银行（negotiation bank）、偿付银行（reimbursing bank）参与其中。在这个过程中，不同的银行角色承担着不同的作用，真正地为双方的正常贸易往来保驾护航。

　　几个银行之间与买卖双方的关系大致如图3-3所示。

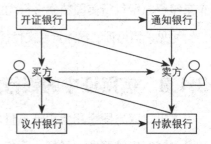

图3-3　银行与进出口双方之间的关系

下面就一起来了解一下这几种银行角色的作用。

（1）通知银行（advising bank）

通知银行是指受开证行的委托，负责将信用证转交卖方的银行，通知银行一般为卖方所在地的银行。通知银行在转交过程中，还负责审核信用证的真实性、准确性，若无法确定其真实性，应在第一时间通知卖方。否则，事后一旦发现存在问题或者是假信用证，将要承担相应的责任。因此，作为第一受益人的出口商有权要求通知行索赔。

（2）议付银行（negotiation bank）

议付银行是指自愿买入卖方提交的跟单汇票的银行。议付银行可以是开证行专门指定的银行，也可以是非指定的银行。这主要是根据依信用证相关条款的规定而决定。

（3）付款银行（paying bank）

付款银行是指信用证上指定付款的银行，这个职责一般情况下为开证行本行，也可以是受开证行委托代为付款的另一家银行。在实际操作中，如果发现付款银行不付款、不承兑，卖方可要求开证行付款、承兑；如果指定的银行已承兑，但到期又拒绝付款，卖方也可要求开证行付款。

（4）偿付银行（reimbursing bank）

偿付银行是在开证行的指示或授权下，负责对有关代付行或议付行的索偿款项予以支付的银行。偿付行只负责付款，不负责审核单据，他拥有开证行的存款账户，只需在账户上扣款即可。因此，偿付行的付款不视为开证行终局性的付款。

> 值得注意的是，即使是同一家银行，如果设在不同国家的支行，在国际贸易中也被认为是完全不同的独立银行。因此，进口国的开证行与设在出口国的分支行被当作是不同主体的银行，如"美国花旗银行"与"花旗银行北京分行"不能认为是同一家银行，办理相关业务时仍需以两家银行的标准、流程、规定进行。

3.1.4 信用证的结算

当银行审单完毕后，信用证即进入结算阶段。按照统一惯例第10条的规定："所有信用证都必须清楚地表明该证是否适用即期付款、延期付款、承兑或议付。"

信用证结算的方式主要有4种，具体如表3-2所列。

表3-2　信用证的结算方式

类型	内容概要
即期付款	受益人将单据送交付款行
	银行审核单据与信用证条款，相符后付款给受益人
	该银行如不是开证行的话，以事先议定的方式将单据寄交开证行索赔
延期付款	受益人把单据送交承担延期付款的银行
	银行审核单据与信用证条款相符后，依据信用证所能确定的到期日付款
	该银行如不是开证行的话，以事先议定的方式将单据寄交开证行索赔
承兑汇票	受益人把单据和向银行出具的远期汇票送交办理该信用证的银行（承兑行）
	银行审核单据与信用证条件相符后，承兑汇票并退还给受益人
议付	受益人按信用证规定，将单据连同向信用证规定的付款人开出的即期或延期汇票送交议付银行
	议付银行审核单据与信用证规定相符后，可买入单据和汇票
	该议付银行如非开证行，则以事先议定的形式将单据和汇票交开证行索赔

3.2　出口许可证

出口许可证是国家海关对出口商品进行检验、管理、监督，批准其可以合法出口的一种法律文件。它是衡量出口商品符合出口标准的唯一依据和标准，在对外贸易中，所有的商品都必须拥有"出口许可证"（特殊规定除外）。

3.2.1　如何申领出口许可证

申领出口许可证是出口商对外贸易的第一步。出口商在货物出口前依规定必须向指定机构申请出口许可证（export permit or export license），才能拥有出口资格。在我国，对外贸易实行统一的货物出口许可证制度，按照从2007年1月1日起实行的《货物出口许可证管理办法》规定，国家海关部门对限制出口的货物实行出口许可证管理。

按照国家规定，我国出口许可证实行"一证一关"制和"非一批一证"制，前者是指一个证只能在一个海关报关。后者是指在有效期内一个证可以多次报关使用，但最多不超过12次。

不过，对可实行"非一批一证"制的范围有明确的限制，包括外商投资企业出口货物、加工贸易方式出口货物、补偿贸易项下出口货物等三大种类。任何一种证件都需要出口商向有关机关提出申请，具体的申请程序如图3-4所示。

填写申请表 提出申请	认真填写《中华人民共和国出口许可证申请表》；经网络申请的，需获得商务部许可证局的电子钥匙，详细可登录官网查看。
提交审核资料	① 主管机关签发的出口批准文件，如属军民通用化学品，应先提交化工部的批件，易制毒化学品应先提交外经贸部的批件；出口合同复印件；商务部规定的其他材料；出口商与发货人不一致的还需提供《委托代理协议》； ② 首次提出申请的，需另附《企业法人营业执照》；加盖公章的《中华人民共和国进出口企业资格证书》；外商投资企业需提供《中华人民共和国外商企业批准证书》。
发证机关受理	申请人不具备申请资格的，不予受理。
发证机关审核	自收到报送材料之日起3个工作日内做出决定，给出结果，不合格的则说明理由。
发证机关发证	涉及"非一批一证"的，发证机构会在签发出口许可证上备注栏内注明"非一批一证"字样。

图3-4　申领出口许可证的程序

3.2.2　出口许可证主管和颁发机构

各发证机构必须按照商务部制定的相关法律和规定，给出口商签发出口许可证。那么，哪些机构具有办许可证的资格呢？按照管辖的范围涉及的部门有十多个，具体如表3-3所示。

表3-3　申办出口许可证涉及的部门

名称	业务属性
工商局 （当地）	变更经营范围，即在营业执照经营范围里面加"从事货物与技术的进出口业务"这么一条。仅限首次申办前为从事外贸业务的企业
外经委 （当地）	办理备案登记，需准备营业执照，国、地税务登记证，法人身份证，已盖章的《对外贸易经营者申请表》
地税局 （所属地）	办理税务登记证上的经营范围的变更，内容应与营业执照上的保持一致

续　表

名称	业务属性
外汇管理局	办理境内机构经常项目外汇账户开立和进口（出口）收汇核销登记
海关	办理自理报关单位注册登记证书、中国电子口岸登记；拿电子口岸身份识别卡和电子口岸IC卡
任何银行	开立外汇账户
国税局	办理出口退税登记
相关部门	办理各机构所需的其他文件（因不同地区、不同时期要求为准）

同时，商务部是全国出口许可证的最高管理部门，全权负责制定一切出口许可证的管理办法和制度，法律法规。并对这些制度办法的执行情况进行监督和检查，处罚违规行为。

授权下的许可证事务局对全国各许可证的颁发机构进行统一管理、监督。指导全国各发证机构的出口许可工作顺利开展，这些事务局需要对商务部的指令负责到底。

直接执行机构是商务部驻全国各省、市、自治区、直辖市的商务厅（局）、外经贸委（厅、局）。这些机构是在具体的发证机构，在商务部、许可证事务局统一管理下，负责授权范围内的发证工作。

3.2.3　出口证的修改、延期与补发

出口许可证有效期最长不超过6个月，且如果需要跨年度使用，有效期截止不得超过当年2月底，因此，出口商需要申请延期、修改或者补发。

那么，许可证的修改、申请和补发应该如何操作呢？

（1）申请延期

出口许可证如果由于某些原因未在有效期内使用，或者有必要延长使用期限的，可以在出口许可证有效期内向原申请机构提出延期申请（截至有效期半个月前无法申请），发证机构收回原证，在发证计算机管理系统中注销，重新签发许可证，并在备注栏中注明延期使用和原证证号。

（2）申请修改

出口许可证签发后，任何单位和个人不得擅自更改证面内容。如需要对证面

内容进行更改，经营者应当在出口许可证的有效期内将出口许可证退回原发证机构，重新申领。应在有效期内由原发证机关删除原许可证，重新换发出口许可证。

（3）申请补发

已领取的出口许可证如遗失，经营者应当立即向许可证证面注明的出口口岸地海关及相关发证机构书面报告，并在全国性经济类报刊中登载"遗失声明"，发证机构凭遗失声明，并经核实该证确未通关后，可注销该证，并核发新证。

附出口许可证有效期相关规定，如表3-4所列。

表3-4　出口许可证有效期相关规定

序号	相关规定
1	从1998年4月1日起，除供港澳鲜活冷冻商品的出口许可证（export agent）有效期仍为1个月外，其他商品的出口许可证有效期一律为6个月
2	出口许可证因故在有效期内未使用或未使用完部分，可在有效期内退回原发证机关，发证机关审核后退回原出口配额并删除原许可证，重新签发许可证
3	出口商品配额当年有效（另有规定者除外），各类进出口企业应于当年12月16日前向发证机关申领次年的出口许可证
4	各发证机关可于当年12月15日起，根据外经贸部下达的下一年度预分出口配额签发下一年度的出口许可证。出口许可证发证日期应填为下一年1月1日（不能提前使用出口），并将发证数计入下一年度的发证统计
5	出口许可证需要跨年度使用时，发证机关可在当年将出口许可证的有效期直接打到下一年度，最迟不得超过2月底。跨年度的出口许可证不得再延期

3.3　产地证明书

产地证明书是应进口商要求，由公证机构、政府或出口商出具的，证明货物原产地或制造地的一种证明文件。产地证明书的颁发，通常由出口地的公证机构或工商团体，根据信用证的具体规定而制定、签发。在我国，由国际贸易促进委员会负责。

3.3.1　如何申请产地证明书

进口一批货物，当地海关都会要求出示产地证明书。有的国家和地区为了限制从某个国家和地区进口某类商品时，也会利用产地证明书上的货物来源进行控制。为避免不必要的损失，出口商在出口前需要拥有一份产地证明书，下面我们就来了解一下产地证明书的申请流程，如表3-5所列。

表3-5　产地证明书的申请程序

步骤	项目	具体要求
1	办理注册登记	申请当事人持营业执照、主管部门批准的对外贸易经营权证明文件及证明货物符合出口货物原产地的有关材料，向所在地签证机构办理注册登记手续
2	接受签证机关业务培训	经签证机构审核合格后，即可享有申办产地证资格，其授权、委派的人应接受签证机构的业务培训
3	填写申请材料	严格按签证机构要求，真实、完整、正确地填写以下材料： 规定格式的《申请书》一份； 出口企业自行按标准填制的产地证一套； 出口货物商业发票一份； 签证机构认为必要的其他文件
4	确认盖章	认真审核申请单位提交的有关单证，确认无误后，及时盖章签发产地证，一般为一正本三副本。其中一正二副交申请企业，另一副本和申请书、商业发票等有关文件由签证机构存档

根据我国的相关规定，企业至少应该于货物报关出运前3天向签证机构申请办理产地证书，并严格按照签证机构的要求提出申请，真实、完整、正确地填写材料。所要填写的材料包括：

①《中华人民共和国出口货物原产地证书/加工装配证明书申请书》；

②《中华人民共和国出口货物原产地证明书》一式四份；

③出口货物商业发票；

④签证机构认为必要的其他证明文件。

3.3.2　产地证明书的类型

产地证虽然都用于证明货物产地，但使用范围和格式因类型的不同会表现出差异。产地证书有三大类型，分别为普通产地证书、普惠制产地证书和欧洲纺织品产地证书。

（1）普通产地证书

普通产地证书又称一般产地证书，是证明本批出口商品的生产地，并符合《中华人民共和国出口货物原产地规则》的一种文件，要求可证明对货物征税的税率。适用于通常不使用海关发票或领事发票的国家；有的国家为限制从某个国家或地区进口货物，要求以产地证来确定货物来源国的国家，也使用这类证书。

在使用这种产地证时，因签发者不同也会有多个类型，国家、出口商、厂商都有出具的权利，在实际业务中具体由谁出具，要根据信用证的要求办理，如出口意大利，对方要求在产地证上除加盖贸促会印章外，还要增加手签。

> 这种产地证根据签发者的不同，分为：
> ① 出口商自己出具的产地证。
> ② 国家进出口商品检验局签发的产地证明书。
> ③ 中国国际贸易促进委员会（即中国商会）出具的产地证。
> ④ 厂商自己出具的产地证。

目前，在我国还是使用由出口商自行签发，或由进出口商品检验局签发的普通产地证为主。

（2）普惠制产地证书

普惠制产地证书（generalised system of preference certificate of origin firm A）是普惠制的主要单据。凡是对给惠国出口一般货物，须提供这种产地证。由进出口公司填制，并以中国进出口商品检验局出具，作为进口国减免关税的依据。

一般对于实行普惠制国家出口货物，都要求出具普惠制产地证明书。目前给予我国普惠制待遇的国家有澳大利亚、新西兰、日本、加拿大、挪威、瑞士、俄罗斯及欧盟15个成员国，以及部分东欧国家。

普惠制产地证的书面格式、名称因地而异，比如，新西兰还须提供格式59A（Form 59A），对澳大利亚不用任何格式，只须在商业发票上加注有关声明文句。对美国出口的原产地声明书，凡属对美国出口的配额商品，如纺织品等，应由出口商填写原产地声明书。

（3）纺织品产地证书

这是专门针对美国、欧洲等国家出口纺织品时所使用的一种产地证书。因为欧美国家的信用证上一般都会规定须提供特定的产地证书，即纺织品产地证书。其中，这类证书还可以细分成三种：单一国家产地声明书，简称格式A；国产地声明书，简称格式B；非多种纤维纺织物声明书，用于麻或丝面料的服装。

在我国，该证通常由外经贸部官方证明，不过信用证条款的要求比较特殊，办理较为麻烦。如果客户有明确要求的中国认证机构，请他指出，或者建议跟客户协商，改信用证，只需提供中国国际商会的原产地证书即可，即贸促会原产地证。

3.3.3 产地证明书在外贸业务中的作用

产地证作为外贸业务中出口商证明货物产地的一种凭证，是商品进入国际贸易市场的"护照"，证明商品的"国籍"，在买卖双方的整个业务流程中，如交接货物、结算货款、索赔理赔、进口国通关验收中起着重要作用。同时也是出口国享受配额待遇、进口国对进口商品实行管理、控制、征收关税，实行不同贸易政策的重要证明依据。

产地证明书的作用体现在多个方面，对出口商、进口商以及买卖双方国家层面的利益都有着非常强的规范和约束作用。具体表现在以下8个方面，如图3-5所示。

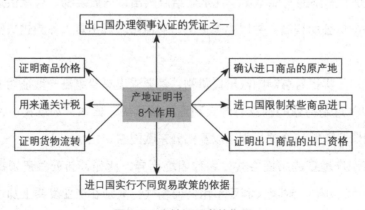

图3-5 产地证明书的作用

3.3.4 产地证明书的内容

正是产地证明书在外贸业务中如此重要，使各个国家都十分重视对其的管理，同样，我国对产地证的申请、使用等也有严格的管理。我国的原产地证书适用于国外海关，国内任何港口出口，只要拥有这个凭证，即可证明货物的属地是中国。那么，下面就来了解一下原产地证的填制要求（特殊类型的产地证除外）。

产地证明书共有12项内容，除按检验检疫总局指定的号码填入证书编号（certificate No.）以外，就其各栏目内容和缮制要点逐项介绍，如表3-6所列。

表3-6 产地证明书的内容

栏目类别	内容
出口商 exporter	此栏包括出口商的全称和地址。信用证项下的证书，一般为信用证受益人，托收项下的是卖方
收货人 consignee	填本批货物最终目的地的收货人全称和地址。信用证项下的证书一般为开证申请人，如信用证有具体规定，应按要求填写
运输方式和路线 means of transport and route	应填装运港和目的港的名称，并说明运输方式。例如，From Shanghai to London by sea。如要转运，须注明转运地。
目的港 destination port	按信用证或合同规定的目的港的名称填制，也可同时列出国家或地区名称。例如，New York Port U. S. A.
供鉴证机构使用 for certifying authority use only	本栏供检验检疫局根据需要加注说明，如补发、后发证书等事项
唛头及包装件数 marks and numbers of packages	按信用证中规定的内容进行缮制，且与发票和提单的同项内容一致，不得留空
商品名称、包装件数及种类 description of goods, number and kind of packages	填写具体的商品名称、包装件数和种类，如散装货物用"In bulk"表示
H. S. 编码 H. S. Code	H. S. 是海关合作事会《商品名称及编码协调制度》的英文缩写。商务总和海关总署根据H. S. 分类编制了《中华人民共和国进出口商品的目录对照表》，规定了商品名称和编码。本栏应按该规定填入，不同的商品应分别标明不同的H. S. 编码
数量及重量 quantity or weight	依据发票和装箱单有关内容填写。重量应注明毛重和净重。例如，G. W. 40 000 kg, N. W. 38 000 kg
发票号码及日期 number and date of invoices	按发票实际号码和日期填写，月份应用英文缩写表示。例如，DEC. 10, 2015。本栏内容填写完毕，从第6项开始用"*"符号打成横线表示结束

续 表

栏目类别	内容
出口商声明 declaration by the exporter	出口商声明已事先印就，内容为："下列签署人声明，以上各项及其陈述是正确的，全部货物均在中国生产，完全符合中华人民共和国原产地规则。"在本栏仅填入申报地点和日期，加盖申请单位章，并由经办人签字，签字与图章不能重叠
签证机构证明 certification	签证机构证明事已印制，内容为："兹证明出口商声明是正确的。"签证机构在此注明签证日期和地点，并由授权人签名，加盖签证机构印章，两者不能重叠。每次做领事认证都要带好营业执照复印件及申请书，并加盖公章

3.4　报价单

报价单是出口商出口商品时给买方所出示的价格清单，以便对方对货物的种类、数量、价格有更详细的了解。

3.4.1　报价单的通用格式

报价单通常都有个相对固定的格式，尽管出口的商品种类众多，面对的进口商也不同，但有些固定的内容是不可少的。外贸报价单中通常包含以下8项常规内容，如表3-7所列。

表3-7　报价单的内容

栏目类别	内容
报价单头部	卖家基本资料、买家基本资料、报价单的抬头
产品基本资料 product's basic information	序号、货号、型号、产品名称、产品图片、产品描述等
产品技术参数 product's technical parameters	产品使用寿命、用途及使用范围等，以及因产品不同而表现出来的其他特征；如机械、力学类产品技术参数还包括结构、封装形式、结构高度、连接结构标记等；热学类产品技术参数还包括色温、最低启动温度、耐温性、环境温度
价格条款 price terms	贸易方式，就是我们以前讲到的EXW、FOB、CFR、CIF等贸易术语；装运港、目的港货币种类、中银汇率、单位价格、货币单位等

栏目类别	内容
数量条款 quantity terms	订单的规格、单位，各类货柜的内容积、配货毛重、体积对比、最小订单量、库存数量等
支付条款 payment terms	余额，总金额，定金，支付方式。如果采用汇票支付形式，又采用哪类，即期还是远期，跟单还是光票等
质量条款 quality terms	对商品的质量进行监督、检查。可履行质量监督的部门有以下几种： 检验检疫局　法定检验、商品鉴定、质量认证认可、出口质量许可、出入境检验检疫标志、普惠制原产地证FORMA，一般原产地证C/O 国家质检总局　主管质量监督的最高行政执法机关；主管检验检疫工作的最高行政执法机关 检验内容　包装检验，品质检验，卫生检验，安全性能检验 检验分类　内地检验，口岸检验；预先检验，出口检验
交货期条款 delivery time terms	明确预定交货的期限。交货期通常有三种： ① 在收到预付款后30天之内交货 ② 在订单确认后30天之内交货 ③ 在生产前样品确定后30天之内交货

总结起来，8项内容大致可分为3个部分，分别为头部、正文、备注。

3.4.1.1　头部

头部通常包括以下3个方面。

（1）卖家的基本资料

企业的标志（factory Logo）、公司的名称（company）、详细地址（detailed address）、邮政编码（post code）、公司网址（website address）、联系人的姓名（contact name）、职位名称（job title）、电话号码（telephone No.）、传真号码（fax No.）。

（2）买家的基本资料

企业的标志（factory Logo）、公司的名称（company）、详细地址（detailed address）、邮政编码（post code）、公司网址（website address）、联系人的姓名（contact name）、职位名称（job title）、电话号码（telephone No.）、传真号码（fax No.）。

（3）其他资料

报价单的抬头；报价单标题（quotation/quotation form/price list）；参考编号（reference No.）；报价日期（date）和有效日期（valid date）。

3.4.1.2　正文

货物的基本资料（product's basic information）：

产品的名称（product's name）、产品图片（photo）、产品描述（description）（外观、颜色、类型、数量、技术参数等）、产品的材料成分（materials）、产品的规格（specification）、尺寸（size）（长度、宽度、高度、厚度等）、产品的用途及使用范围等、产品的序号（No）、型号（type）、货号（item No.）。

3.4.1.3　备注

如果有些特殊情况则需要备注说明，如12天是指工作日，需要7天报关等。再比如，关于品牌的条款，原产地条款，应辅助的其他资料等。

（1）品牌条款（brand's terms）

主要指是贴牌加工还是自己的品牌。

① 贴牌加工。使用客户自己的品牌或由其指定的其他品牌（OEM, use the brand appointed by the customer）。

② 使用工厂自己的品牌（use the factory's own brand）。

（2）原产地条款（origin Terms）

主要指利用什么样的原产地证，并对为什么这样做简要的说明。

① 普通原产地证，普惠制原产地证［C/O（certificate of origin）, FORM A］。

② 原产地，中国制造（made in China, origin place）。

（3）报价单附注的其他资料（others）

① 工商营业执照、被批准开业证件副本。

② 国税局税务登记证。

③ 企业法人代码证书。

④ 质量检验报告、质量鉴定报告。

⑤ 产品质量认证、质量管理体系认证。

⑥ 荣誉证书、奖励证书。

⑦ 出口许可证。

⑧ 工厂规模：员工人数，工程技术人员人数，工厂面积。

⑨ 主营产品及月加工能力，新品推介，生产设备实力，品牌知名度。

3.4.2　报价单的填制要求和形式

报价单虽然有相对固定的格式和内容要求，但在实践中，出口商并不需要按部就班逐项填写。而是要根据贸易的需求，双方的利益需求，以及其他实际情况，有针对性、有侧重性地删除或增加，有些不需要的内容则可以空开不填；而单子上缺少或没有的则要适当增加。

报价单的主要形式有3种：

① 电子形式报价单：通过邮件或即时通讯在线聊天工具将报价单连同电子目录等一并发送给客户。

常用的即时通讯工具有：腾讯qq、微软msn、skype、雅虎通yahoo、messenger、google-talk：talk。

② 电传形式报价单：通过传真方式将报价单打印后传真给客户，有时候还需要双方的签字和盖章。

③ 邮寄件形式报价单：通过快递公司将报价单连同彩色印刷产品目录或产品目录光盘等一并邮寄给客户。

常见的全球性快递公司有：中外运敦豪（DHL）、美国联邦快递（Fedex）、美国联合包裹（UPS）、荷兰天地快递（TNT）。

3.5　进出口货物报关单

进出口货物报关单是海关对进出口货物进行管理，要求进出口货物收发人或者代理人按照规定必须申请的一种书面凭证。报关单具有法律效力，是办理通关手续的法律文书，一经签署将受到法律保护，也就是说，货物收发人或进出口商必须严格遵守报关单上的规定，在享有某种权利的同时，履行其义务，承担其责任。

3.5.1 进出口货物报关单的作用

从定义中可以看出，进出口货物报关单最突出的一个特点就是"具有法律效力"。对规范、限制贸易双方的行为起着重要作用，可使贸易双方的利益受到法律保护。如进出口商通过报关单建立买卖关系，在这个过程中涉及额度进出口货物核销，出口退税，以及外汇管理等，都离不开这个报关单。

其次，该单据的第二个作用是稽查和调查，海关可根据单子对进出口货物进行监管、征税、统计，处理走私、违规案件，及查处骗税和套汇犯罪活动。

3.5.2 进出口货物报关单的类型

按照不同的划分标准，进出口货物报关单可分为多个类型，不同的类型在各自的业务往来中起的作用有所不同。具体来讲有4个划分标准，如图3-6所示。

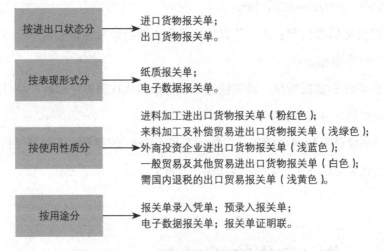

图3-6　进出口货物报关单的类型

这里需要重点提一下进口状态的分类方法，也是实际运用必须且最常用到的。所谓的进出口货物报关单，顾名思义就是由进口货物报关单和出口货物报关单组成，两者是相互独立的。

进口货物报关单一式五联，分别是：海关作业联、海关留存联、企业留存联、海关核销联、进口付汇证明联。

出口货物报关单一式六联，分别是：海关作业联、海关留存联、企业留存联、海关核销联、出口收汇证明联、出口退税证明联。

海关作业联在海关的审单、征税、查验、放行各部门间流转，各部门需要在该联上作必要的签注和盖章。

3.5.3　如何填写进出口货物报关单

我国海关有关条文明确规定，凡是进行进出口贸易的企业，必须在海关注册登记，并办理进出口货物报关单。经海关批准后才能成为合格的报关单位。

办理进出口货物报关单，应由报关企业和代理人向海关提交申请和相关资料。经海关考核后，由海关颁发报关证。

（A）出口口岸 上海海关 2200	备案号		（B）出口日期		申报日期
经营单位		（C）运输方式 5	运输工具名称		提运单号
发货单位		（D）贸易方式 一般贸易	（E）征免性质 一般征税		（F）结汇方式 电汇
许可证号		运抵国（地区）	（G）指运港 香港		（H）境内货源地 31052
（I）批准文号 689403368		（J）成交方式 CPI	（K）运费 502/4800/3	（L）保费	杂费
合同协议号		（M）件数 1400	包装种类	（N）毛重（公斤） 3200	净重（公斤）
集装箱号		（O）随附单据		生产厂家	

（P）标记喷码及备注
　　　　N/N

项号	商品编码（Q）商品名称、规格型号	（R）数量及单位	（S）最终目的国（地区）	单价	总价	币制	（T）征免
01	手工工具（扳手） 照车征税　8×10MM（MTM）	1080千克 60000件	印度				
02	手工工具（扳手） 　　　　10×12MM（MTM）	1760千克 80000件					

税费征收情况					
录入员	录入单位	兹声明以上申报无讹并承担法律责任		海关审单批注放行日期（签章）	
				审单	审价
报关员				征税	统计
单位地址　　路　　号 邮编　　　电话　　　填制日期				查验	放行

那么，进出口企业在向海关报关时如何进行申请呢？表3-8所示是进出口货物报关单的主要内容。

表3-8　进出口货物报关单填写的内容

栏目	具体内容
出口方	出口企业或单位的名称，要填写全称。中外双方仅执行技术合作项目，未成立合作经营企业的，应填报参加该项目的境内单位。捐赠进口物资，应填报直接受赠单位。委托报关企业代办报关手续的，应填委托单位名称
进口方	填明进口货物最终收货使用单位名称及所在地。一般有三种情况： ① 直接接受外贸公司调拨的收货单位 ② 委托有进口权的公司进口货物的单位 ③ 自行从国外进口货物的单位 同一批货物有两个以上收货单位的，应填报收货量最大的单位
海关编号	指海关接受申报时给予报关单的编号。海关编号由各海关在接受申报环节确定，应标识在报关单的每一联上。报关单海关编号为9位数码，其中前两位为分关（办事处）编号，第三位由各关自定义，后六位为顺序编号。各直属海关对进口报关单和出口报关单应分别编号，并确保在同一公历年度内，能按进口和出口唯一地标识本关区的每一份报关单 各直属海关的理单岗位可以对归档的报关单另行编制理单归档编号 理单归档编号不得在部门以外用于报关标识
进口口岸/出口口岸指货物实际进（出）我国关境口岸海关的名称	本栏目应根据货物实际进（出）口的口岸海关选择填报《关区代码表》中相应的口岸海关名称及代码 加工贸易合同项下货物必须在海关核发的《登记手册》（或分册，下同）限定或指定的口岸与货物实际进出境口岸不符的，应向合同备案主管海关办理《登记手册》的变更手续后填报。进口转关运输货物应填报货物进境地海关名称及代码，出口转关运输货物应填报货物出境地海关名称及代码。按转关运输方式监管的跨关区深加工结转货物，出口报关单填报转出地海关名称及代码，进口报关单填报转入地海关名称及代码。其他未实际进出境的货物，填报接受申报的海关名称及代码
备案号	指进出口企业在海关办理加工贸易合同备案或征减、免、税审批备案等手续时，海关给予《进料加工登记手册》、《来料加工及中小型补偿贸易登记手册》、《外商投资企业履行产品出口合同进口料件及加工出口成品登记手册》（以下均简称《登记手册》）、《进出口货物征免税证明》（以下简称《征免税证明》）或其他有关备案审批文件的编号 一份报关单只允许填报一个备案号，具体填报要求如下： ① 加工贸易合同项下货物，除少量低价值辅料按规定不使用《登记手册》的外，必须在报关单备案号栏目填报《登记手册》的十二位编码。加工贸易成品凭《征免税证明》转为享受减免税进口货物的，进口报关单填报《征免税证明》编号，出口报关单填报《登记手册》编号 ② 凡涉及减免税备案审批的报关单，本栏目填报《征免税证明》编号，不得为空 ③ 无备案审批文件的报关单，本栏目免予填报。备案号长度为12位，其中第1位是标记代码。备案号的标记代码必须与"贸易方式"及"征免性质"栏目相协调，例如：贸易方式为来料加工，征免性质也应当是来料加工，备案号的标记代码应为"B"
商品的详细信息	包装种类及件数、重量、商品编号、成交价格、货名、规格及货号以及有关需要述明的问题在此栏填具

栏目	具体内容
运输工具	填明载运货物进口的船只名称、汽车/火车号码/车次。空运或邮寄只填"空运"或"邮运"字样。应填报实际进入中国国境的运输工具名称及号码。进境人员随身携带货物进境，应以所乘坐的交通工具确定填报
贸易性质（方式）	填明本报单货物的贸易性质。使用白色《进口货物报关》申报进口货物，一般有以下几种贸易方式，可视具体情况选择填报： 　一般贸易、国家间、国际组织无偿援助和赠送的物资； 　华侨、港澳台同胞、外籍华人捐赠物资； 　寄售、代销贸易； 　边境小额贸易； 　对外承包工程货物； 　租赁贸易、易货贸易、出料加工贸易、免税外汇商品以及其他贸易
货运地点及进出口口岸	填明本报单货物起始发出直接运往或在运输中转国中未发生任何商业性交易的情况下运往我国的国家（地区）。如货物在运输中转国（地）发生了商业性交易，则该运输中转国（地）即为该货物的起运国（地区） 填明货物在中国的进境地点名称（通常为第一口岸）
原产国别（地区）	填明本报单货物的生产、开采或制造国家（地区）。如果产品经过其他国家加工复制，以最后加工的国家为原产国。原产国一般以货物的产地证明书确定。同一批货物，品种繁多、数量零星的，可以金额最大的货物的产地确定填报。一份报关单上申报的几种货物如属于不同的原产国（地区），应在品名下分明填明。要填写具体国名或地区名，不能笼统地填报某个地域或经济联合体的名称
进口日期	填写负责运载本报单货物的运输工具向海关申报进境的日期
提运单号	填写本报单货物的提单或运单号码。具体填报方法为：海运填提单号；陆运填运单号；空运填货运单号；邮运填报税清单（包裹单）号
征免性	指海关对进出口货物实施征、减、免税管理的性质类别。本栏目应按照海关核发的《征免税证明》中批注的征免性质填报，或根据实际情况按海关规定的《征免性质代码表》选择填报相应的征免性质简称或代码 　加工贸易报关单本栏目应按照海关核发的《登记手册》中批注的征免性质填报相应的征免性质简称或代码。特殊情况下填报要求如下： 　① 保税工厂经营的加工贸易，根据《登记手册》填报"进料加工"或"来料加工" 　② 三资企业按内外销比例为加工内销产品而进口料件，填报"一般征税"或其他相应征免性质 　③ 加工贸易转内销货物，按实际应享受的征免性质填报（如一般征税、科教用品、其他法定等） 　④ 料件退运出口、成品退运进口货物填报"其他法定" 　⑤ 加工贸易结转货物本栏目为空 　一份报关单只允许填报一种征免性质
备注	如属集装箱运输的，应将集装箱数量及每个集装箱的号码在此填具 填具随本报单递交的单据名称及份数等随附单据，以及报关员的姓名、报关员证的号码、联络电话号码也应一并填具

3.6 汇票

汇票（bill of exchange），简称Draft，是发票人签发一定金额，请求付款人在到期日无条件支付货款的一种票据。汇票在对外贸易资金结算、融通中是一种非常普遍的支付工具。出口商在将货物交运后，通常会依照信用证有关规定签发汇票，并备齐有关单据，向银行办理押汇。银行即可凭此汇票与有关单据，向即付款人追收相应的款项。

3.6.1 汇票的通用格式

根据我国票据法规定，汇票上有表明其性质的"汇票"字样，一是为了区别于其他支付凭证，比如本票、支票等，二是有利于明确各当事人的权利和责任。这项规定是国际贸易中约定而成的，在《日内瓦统一法》也有类似的条款，在其结算实务中签发的汇票必须有"汇票"字样。

```
                    BILL OF EXCHANGE

No. STDFT000001                          Dated 2004-08-30

Exchange for  USD     11200

        At  ----                  Sight of this    FIRST    of  Exchange

(Second of exchange being unpaid)

Pay to the Order of Nanjing Commercial Bank

the sum of U.S.DOLLARS NINE THOUSAND SIX HUNDRED ONLY

Drawn under L/C No. STLCN000001               Dated 2004-08-20

Issued by  THE CHARTERED BANK

To  Carters Trading Company, LLC
    P.O.Box9935,New Terminal, Lata. Vista, Ottawa,
    Canada
                                   GRAND WESTERN FOODS CORP.


                                      (Authorized Signature)
```

① 汇票号码：一般可以采用发票号码。

② 出票地点和日期：出票地点为收益人所在地，出票日期写信用证上的issue date，也可留空让银行代填。

③ 小写金额：先打货币的代号，紧接以阿拉伯数字表明金额，一般保留两位。

④ 支付方式和付款期限：支付方式如D/P 或D/A 应填在at一字的前面，付款期限应填在at 与sight之间。如60天期限为"at 60 days sight"。但如果不是见票起算，则须将sight一字划掉。例如提单日期后90天付款为"at 90 days from date of B/L"。

⑤ 收款人：一般填写托收行（交单的银行）。

⑥ 大写金额。

⑦ 不填。

⑧ 不填。

⑨ 不填。

⑩ 付款人：在托收汇票中必须打出付款人的全称和详细地址（客户的名称、地址）。

3.6.2　汇票的类型

汇票根据不同的划分标准可分为多个类型，最常见的类型有以下3个划分标准，如图3-7所示。

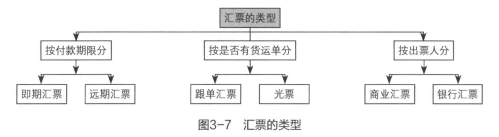

图3-7　汇票的类型

① 即期汇票（sight draft）：此种汇票一经持票人向被出票人提示，被出票人便应立即付款。出口地银行将汇票寄至进口地银行，若采用信用证付款方式，进口地银行即为汇票付款人，须立即见票付款；若采用托收方式，则由进口地银行提示进口商，进口商见票后应立即付款赎单。

② 远期汇票（time bill or usance bill）：此种汇票上规定，被出票人必须于见票后若干日付款。

③ 跟单汇票（documentary draft）：附有货运单据的汇票，通常为提单、保险单、专业发票、包装单等单据。此种汇票供信用证受益人向银行申请押汇

时使用，因此又称"跟单汇票"。

④ 光票（clean draft）：未附有任何货运单据的汇票。

⑤ 商业汇票（commercial draft）：由工商企业签发，通常应用于托收和信用证方式的业务中。

⑥ 银行汇票（banker's draft）：由银行签发，通常应用于票汇方式业务中。

汇票是出票人给付款人的无条件支付命令，按照国家贸易法的相关规定，无论哪一种发票，一旦签字就是无条件的支付命令，不受任何限制。有的购买方或行为人将其他行为的履行或事件的发生作为其先决条件，故意拖延付款。

比如，汇票上规定"于货物抵达目的地后才付款""出售某批货物所得价款中支付某人××万元"等附加或限制条件，这样的汇票都视为无效，甚至会遭到法律制裁，承担更多的法律责任。

3.6.3 如何签订汇票

汇票具有法律效力，是根据法定要求、包含了必要法定事项的凭证。一旦违反规定将会承担相应的法律后果。所以，在运用各种汇票时应该小心谨慎，按照规定严格执行。签订汇票时还应该注意以下5个事项。

（1）直接负责人亲自签字

根据票据法的要求，必须是汇票的债务人或者是承担付款或担保的直接责任人，在汇票上签字。在承兑前，出票人为汇票的主债务人，对汇票负有付款义务；而付款承兑后，付款人成为汇票的主债务人，承担汇票付款义务，而出票人降为汇票的从债务人。

（2）支付标的必须是现金

在汇票付款中，汇票的支付标的必须是现金，不能以其他物品或货物来抵押或代替。而且数额必须确定为一个明确的数字，不要让付款人产生歧义。如有利息条款，则必须向对方明确利率，同时还应该说明计息天数。值得一提的是，票据金额以中文大写和数码同时记载的，两者必须一致。两者不一致的，票据无效。

（3）必须写清楚收款人的姓名和地址

为了便于收款人或持票人向其提示付款或承兑，我国汇票实行的是记名汇票，汇票上不但要写明付款人的姓名或商号名称、地址外，还必须标明收款人事项。这是我国《票据法》不可缺少的一个注意事项，我国《票据法》第22条规定，汇票必须记载收款人名称，未记载收款人名称的汇票无效。在很多国家的外贸业务中，也允许签发不记名汇票，汇票上收款人可以指定，也可以不指定，仅写付给持票人即可。

（4）不可忽视的几个日期

出票日期（date of issue）：我国《票据法》规定，汇票应当标明出票日期，否则无效。持票人或者委托行必须填入明确的出票日期。这与《英国票据法》的规定也有些不同，在英国他们认为出票日期不是汇票必须标注的内容。

付款到期日（tenor）：汇票的付款到期日指的是汇票所载金额的支付日期。《票据法》规定汇票上记载付款日期应当清楚、明确，未记载付款日期的视为见票即付。

（5）必须标明出票地点和付款地点

对涉外汇票具有重要意义，因为按照国际惯例，汇票所适用的法律多采用行为地法律的原则。

《日内瓦统一法》明确规定：汇票应当记载出票地点和付款地点。未载明出票地点的，以出票人的营业场所、住所或居住地作为出票地点。我国《票据法》虽未将出票地点和付款地点列为必要项目，但在第二十三条中也明确规定：汇票上记载的付款地、出票地等事项，应当明确清楚；未记载付款地的，付款人的营业场所、住所或者经常居住地为付款地；汇票上未记载出票地的，出票人的营业场所、住所或经常居住地为出票地。

除上述项目外，汇票还有一些票据法允许的其他内容的记载，例如：出票人必须签章（drawer），这在各国票据法中都有规定，即"汇票必须要有出票人签名才能生效"。

我国《票据法》第22条中也把"出票人签章"作为汇票必须记载的事项

之一。还比如，利息和利率、付一不付二、禁止转让、免做拒绝证明、汇票编号、出票条款等，都是在使用汇票时必须注意的事项。

3.7　发票

发票（invoice），也叫付款单，是单位和个人在购销商品、提供或接受服务以及从事其他经营活动中，先对方所开具的一种收、付款书面证明。它是会计核算的原始依据，也是审计机关、税务机关执法检查的重要依据。

3.7.1　发票在业务中的作用

发票在业务往来中承担着重要的作用，对买卖双方来讲其重要性不言而喻，是买方唯一的付款依据，是买卖双方办理报关、纳税的计算依据，是双方交易的合法证明文件，是卖方缮制其他出口单据的依据。

具体来讲，发票有以下4种作用，如图3-8所示。

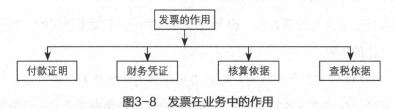

图3-8　发票在业务中的作用

由上可知，发票作为买卖双方交接货物和结算货款的主要单证，在对外贸易中是一种不可缺少的单据。

3.7.2　发票的主要内容

一份完整的发票应该包括哪些部分呢？对此，在不同的国家和地区，不同的出口公司，商业发票的格式也不固定和统一。但是，主要栏目的内容必须具有，完整意义上的发票必须具有编号、日期、唛头、货品名称及规格、数量、单价和总价等内容。

XXXX IMPORT & EXPORT CO., LTD.

某某进出口有限公司

ADD: 60,NONGJU RD QUTANG NANTONG JIANGSU CHINA

TEL: 86-513-8603*** FAX: 86-513-8603***

形式发票

PROFORMA INVOICE 号码

NO: PRO-01-22

TO: LEBRUN 日期

FRANCE. DATE November 16, 2004

NOTE: THIS PROFORMA INVOICE IS VALID UP TO SEP.20,2005.

唛头 Marks	货品名称及规格 Commodities & Specifications	数量 Quantity	单价 Unit Price	总价 Amount
LEBRUN SERIE 5 CASSEROLES 'OSLO' 6 SERIES	S/S COOKWARE (WITH BLUE RING BAKELITE HANDLES) SAUCEPAN 5 PCS SETS CASSEROLES DIAM 20 CM X 10 CM CASSEROLES DIAM 24 CM X 12 CM	1800 SETS / 300CTNS 600 SETS / 100CTNS 1200 SETS / 200CTNS 1200 SETS / 300CTNS	CNF USD9.75 USD4.20 USD5.60 USD7.65 TOTAL:	ANTWERP USD17,550.00 USD2,520.00 USD6,720.00 USD9,180.00 USD35,970.00

上述内容是发票必须具有的内容，但在很多时候这还远远不够。出于复杂的业务需求往往需要蕴含更多的信息。具体需要哪些内容则根据议定条件而定，具体如下。

发票的主要内容包括以下几项：

① 发票编号。

② 开制日期。

③ 合同号。

发票的出具都以买卖合同为依据，因此合同号必须出现在发票中。值得注意的是当买卖合同不是以"s/c"为名称时。如有时出现"order"、"P.O."等。应将本项的名称修改后再填写。

④ 出票人名称。

⑤ 收货人名称。

⑥ 发票日期。

在外贸业务的全套单据中，发票是签发日最早的单据，一般都是在信用证开证日期之后、信用证有效期之前。原则为不早于合同的签订日期，不迟于提单的签发日期即可。

⑦ 运输说明。

通常指的是运输工具或运输方式，有时还需要加上运输工具的名称及运输航线。如果在中途转运，在信用证允许的条件下，转运及其地点也要注明。

⑧ 运输标志。

⑨ 商品的名称、规格、数量、包装、单价、总值。

⑩ 货物的支付方式。

⑪ 信用证号。

信用证方式下的发票需填列信用证号码，作为出具该发票的依据。若不是信用证方式付款，本项留空。

⑫ 支付条款。

指的是支付方式，如：T/T、L/C、D/P、D/A。

发票是进口商用来收货、记账、支付贷款和报关纳税的依据。正因为具有如此多的作用，因此为了使结汇不致混乱，发票的编号尤其重要，在SimTrade中，发票的编号一般由系统自动生成，但在有些地区，则是需要银行来统一编号。

3.7.3　发票与本票、支票的区别

（1）本票

在对外贸易中，还有另一种支付凭证，即本票。本票是出票人（银行存款人）对银行（受票人）签发的，要求银行见票时立即付款的票据。通常由一人向另一人签发，以保证在即期内或在可以预料的未来时间内，由自己无条件支付给持票人一定金额的票据。通常，在商业活动中，本票又可分为商业本票和银行本票。商业本票又可分为即期商业本票和远期商业本票。

在我国的国际贸易结算中使用的本票大多是银行本票，一般不具备再贴现条件，尤其是中小企业或个人开出的远期本票，因银行本票都是即期的，信用保证不高，因此很难流通。

（2）支票

支票是由出票人签发，委托办理支票存款业务的银行或者其他金融机构在见票时无条件支付确定的金额给收款人或持票人的票据。

支票是以银行为付款人的即期汇票，是汇票的特殊形式。支票出票人签发的支票金额，不得超出其在付款人处的存款金额。如果存款低于支票金额，银行将拒付。这种支票称为空头支票，出票人要负法律上的责任。

汇票与本票的区别见表3-9。

表3-9　发票与本票、支票的区别

项目	发票	本票	支票
性质不同	购销凭证	支付凭证	支付凭证
出具人机关不同	企业法人，自然人需提供相关书面材料向税务主管部门提出申请	企业法人，自然人（在我国由银行代行签发）我国《票据法》第75条规定：本票出票人的资格由中国人民银行审定，具体管理办法由中国人民银行规定	企业法人，自然人需提供相关书面材料向相关银行提出申请
签发人不同	出票人签发	出票人签发	银行签发
使用权限不同	不能直接用于支付，且无时间限制	有时间限制，见票即付，可当场抵用	有确定的时间限制，在规定的期限内必须付款
涉及的当事人不同	两个当事人，一个是出票人，也是付款人；另一个是收款人	两个当事人：一个是出票人，也是付款人；另一个是收款人	三个当事人：一是出票人，即在开户银行有相应存款的签发票据的人；二是付款人。即银行等法定金融机构；三是收款人，即接受付款的人

3.8 提单

提单（Bill of Lading，简称B/L），指的是运输部门承运货物时签发给发货人的一种凭证。收货人凭提单向货运目的地的运输部门提货，提单须经承运人或船方签字后始能生效，是海运货物向海关报关的有效单证之一。

3.8.1 提单在业务中的作用

提单是对外贸易中非常重要的一个环节，当出口企业或个人按照合同将货物安排妥当，委托指定船运公司或其代理人签发给托运人，运送至指定地点后（同时也要保证货物安全转交给买方）买方提货时必须具有的一种凭证。也就是说，只有有了提单，船运公司或其代理人才能将卖方签发给委托的货物交给买方。这也是买方提取货物的唯一收据。

提单通常由船运公司或代理人签发，并同时允诺当船只抵达目的港后，将货物交给持有提单到船运公司换取提货单（delivery order；D/O）的持单人。

因此可见，提货单是一份贸易双方以及货运第三方多种关系之间，具有因果关系的一种同性质文件。

由于货物在运输、航行途中可能遭受来自外界的毁损或遗失，所以不能直接持提单去提货，必须到进口地换取提货单才能提货。因此，提单的设置一方面是为了表明货物出口港时的状况，另一方面也表明了货物的所有权：持单人只要拿到提单，即可向船运公司主张拥有货物所有权并办理提货程序。

主要作用如下：

（1）表明货物的所有权：持单人只要是经过合法背书转让拿到提单的，即可向船公司主张拥有货物所有权，并办理提货（换成提货单后）。

（2）运送合同：由于货物装船后才签发提单，因此提单相当于托运人与船公司所缔结的运送合同。

（3）装船收据：提单亦可以当作船公司收到货物时，发给托运人作为确认货物已装的收据。

3.8.2　提单的种类

提单的种类很多，依照不同的分类标准可分为多种类型，比如，提单依货物是否装运、提单上有无不良批注、可否转让等情况，有多种分类，具体如表3-10所列。

表3-10　提单的分类

栏目	具体内容
货物是否装运	已装船提单：指的是货物装船后签发的提单，具有确定的船名、航次与装船日期，因此在贸易上较易被银行、保险公司及买方接受
	备运提单：货物已交给船公司但尚未装船时签发的提单。此种提单虽然可以较早签发争取时效，但不见得能实际装上船，因此较不易被银行或保险公司接受
有无不良批注	清洁提单：提单上没有注明关于货物本身或其包装不当者
	不清洁提单：提单上注明货物本身或其包装上有瑕疵情形者。一般在发现货物本身或其包装上有瑕疵的前提下，为证明该瑕疵并非运输不当所造成，船公司收取货物时在提单上加注该项瑕疵，称为不清洁提单
可否转让	可转让提单：又称"不记名提单"或"指示提单"，指的是单子上栏内有"Order"字样，以表示收货人另待指示或支配，可经由合法的背书手续将提货权转让给他人
	不可转让提单，又称"记名提单"或"直接提单"，指的是提单上收货人栏内有"Consigned to"或"Unto"字样，或直接列明收货人名称。此类提单不可通过背书方式流通转让，船公司交付货物时，只能把货物交给该指定人，而不论该指定人是否持有提单
提单背面的内容	全式提单：提单背面印有详细运送条款，对托运人的义务、承运人保留的权利及义务等货运条款及约定事项的提单做了明确规定
	简式提单：提单正面与全式提单相同，背面则是空白，仅用文字注明"全式提单所印条款同样可适用于本提单"。这种提单的效用在没有特殊规定下可视为与全式提单相同，除非信用证另有相反规定

从表3-10中看出，按照不同的分类标准，提单也有多个类型。不同的提单尽管内容上有所差异，但基本内容不会有变化，提单的主要内容包括以下18项。

（1）提单号：号码的编排顺序是承运人或其代理人按照承运人接受货物的先后次序或货物入仓的位置而定的。

（2）提单名称：注明"提单"字样，英文为Marine/Ocean Bill of Lading。

（3）托运人（shipper）的名称和营业所：托运人指的是出口商或信用证受益人，在信用证特殊注明下，以第三者为托运人必须按信用证的要求予以缮制。

（4）收货人指示（consignee or order）名称：收货人的指定关系到提单能否转让，以及货物的归属问题，收货人的名称必须按信用证的规定填写。

（5）通知地址（notify address）：被通知人即进口方或进口方的代理人，如信用证有具体规定，要严格按照信用证规定缮制。

（6）海运船只（ocean vessel）：本栏按实际情况填写承担本次运输货物的船舶的名称和航次。

（7）装货港（port of lading）：本栏填写货物的实际装船的港口名称，即启运港。

（8）卸货港（port of discharge）：本栏填写海运承运人终止承运责任的港口名称。

（9）交货地点（place of delivery）：本栏只有在转船运输时填写。

（10）收货地点（place of receipt）：本栏只有在转船运输时填写。

（11）标志和号码（marks and nos）：又称唛头，是提单与货物联系的主要纽带，是收货人提货的重要依据，必须按信用证或合同的规定填写。

（12）包装种类和件数，货名（number and kind of packages, description of goods）：此栏按货物是散装货、裸装货和包装货的实际情况填写。

（13）毛重和尺码（gross weight and measurement）：此栏填写货物的毛重总数和体积总数。

（14）运费和其他费用（freight and charges）：此栏填写运费及额外的附加费用。

（15）运费支付地点（freight payable at）：此栏按信用证的规定填写。

（16）签单地点和日期（place and date of issue）：提单签发地为装运港所在城市的名称，签发日期为货物交付承运人或装船完毕的日期。

（17）正本提单份数（number of original B/Ls）：正本提单签发的份数必须符合信用证规定的份数。

（18）代表承运人签字（signed for or on behalf or the carrier）：提单必须由船长或承运人或其代理人签字盖章。

卖方将货物交到买方指派的船上后，承运人向卖方开立一份单据（通常为海运提单），是承运人向卖方已交货的证明。卖方凭此单据向买方收取货款，买方凭此单据在目的港向承运人提货。电子数据交货（EDI）又称电子资料交换，是指按照协议，对具有一定结构的标准信息，经过电子数据通信网络，在商业伙伴的电子计算机系统之间进行交换和自动处理。

3.9 装箱单

装箱单（packing list），简称P/L，是出口商自行编制的一种发票补充单据。用来补充说明信用证（或合同）中买卖双方约定的有关包装事宜的细节，商品的数量或件数、包装规格、材料搭配、重量等。尽管发票已经对这些信息有所记载，大多较为笼统，为便于买家更详细了解商品的具体状况，对商品检查和核对，通常将其有关内容附列在发票之上。

3.9.1 装箱单的作用

在外贸凭证中装箱单并不是必选项，更多的时候是应买方要求，以发票的补充单据形式出现，是将商品不同包装规格，不同花色和不同重量逐一分别详细列表说明的一种单据。它是买方收货时核对货物品种、花色、尺寸、规格、为海关验收的主要依据。

装　箱　单

箱　號 CTN.#		合同號 P/O.#	
品　名 ART.#		数　量 QTY	CONS
色　號 COL.#		毛　重 G. W.	
缸　號 LOT.#		净　重 N. W.	

在整个业务过程中仍发挥着不可忽视的作用，尤其是它的参考价值，具体表现有6点，如图3-9所示。

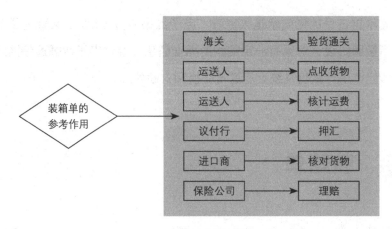

图3-9　装箱单的参考作用

由此可见，装箱单的作用十分重要，尽管如此我们也需要清楚一点，即装箱单永远不能代替发票。两者之间既存在相同点，又有着微妙的区别，呈现出互补性。装箱单与发票之间的异同如表3-11所列。

表3-11　装箱单与发票的异同

类别	具体内容
相同点	为了保持与发票一致，装箱单在号码和日期两栏应与发票完全相同
	装箱单的制作要以发票、信用证、合同、备货单、出货单为基础
	如果信用证上有明确要求，在装箱单填写一些特殊条款可增加内容
不同点	补充发票的不足，以更详细的内容向进口商或海关提供货物信息
	装箱单一般不显示收货人、价格、装运情况，对货物描述一般都使用统称概述
	装箱单着重表现货物的包装情况，从最小包装到最大包装的包装材料，包装方式——列明

3.9.2　装箱单的类型

对于不同特性的货物，进口商可能对某一或某几方面（例如包装方式、重量、体积、尺码）比较关注，因此希望对方重点提供某一方面的单据。它包括不同名称的各式单据，例如Packing List、Weight List、Measurement List、Packing Note and Weight Note等。它们的制作方法与主要内容基本一致。装箱单着重表示包装情况，重量单着重说明重量情况，尺码单则着重商品体积的描述。

装箱单着重表现货物的包装情况，从最小包装到最大包装的包装材料，包装方式一一列明。而对于重量和尺码内容，一般只体现累计总额。重量单在装箱单的基础上，详细表示货物的毛重、净重、皮重等。三种单据可相互补充彼此的不足，便于进口国海关检查、核对货物。

3.9.3　如何填写装箱单

装箱单上的信息要求与发票保持一致，如号码、日期等应与发票上信息完全相同。对货物的描述应与提单、产地证一致。主要包括：包装单名称、编号、日期、唛头、货名、规格、包装单位、件数、每件的货量、毛净重以及包装材料、包装方式、包装规格及签章等。

因缮制的出口公司不同，所包括的内容也大不相同，表3-12是大多数装箱单所设置的主要栏目。

表3-12　装箱单的分类

栏目	具体内容
开头	在中文"装箱单"上方的空白处填写出单人的中文名称地址，"装箱单"下方的英文可根据要求自行变换
出单方（issuer）	出单人的名称与地址，应与发票的出单方相同。在信用证支付方式下，此栏应与信用证受益人的名称和地址一致
受单方（to）	受单方的名称与地址，与发票的受单方相同。多数情况下填写进口商的名称和地址，并与信用证开证申请人的名称和地址保持一致。在某些情况下也可不填，或填写"To whom it may concern"（致有关人）
发票号	与发票号码一致
日期（date）	应与发票日期一致，不能迟于信用证的有效期及提单日期
装箱单缮制日期	产品编号（product number）：需与合同上的产品编号相一致
唛及件数编号	与发票一致，有的注实际唛头，有时也可以只注"as per invoice No. XXX"。包装种类和件数、货物描述（Number and kind of packages, description of goods）要求与发票一致。货名如有总称，应先注总称，然后逐项列明每一包装件的货名、规格、品种等内容
外包装件数（package）	填写每种货物的包装件数，最后在合计栏处注外包装总件数
毛重（G. W.）:	注明每个包装件的毛重和此包装件内不同规格、品种、花色货物各自的毛重，最后在合计栏处注总毛重。信用证或合同未要求，不注亦可
注净重（N. W）	注明每个包装件的净重和此包装件内不同规格、品种、花色货物各自的净重，最后在合计栏处注总净重，信用证或合同未要求，不注亦可

外箱尺寸（meas）	注明每个包装件的体积，最后在合计栏处标注总体积。信用证或合同未要求，不注亦可
包装总数大写（say total）	以大写文字写明总包装数量，必须与数字表示的包装数量一致
签名（signature）	由出口方法人代表或者经办制单人员代表公司在装箱单右下方签名，上方空白栏填写公司英文名称，下方则填写公司法人英文名称

3.9.4　装箱单的电子化趋势明显

随着港口集装箱运输的快速发展，装箱单正式进入电子化阶段，如通过"门户"网站入网、一次认证登录、"一站式"查看等功能。装箱单电子化的施行，使口岸信息化工作和口岸公共信息平台建设上了一个新台阶，提高了海关、国检等的监管查验效率，加快了集装箱进出口业务的运作效率，节省了集装箱进出口业务操作时间和成本，如图3-10所示。

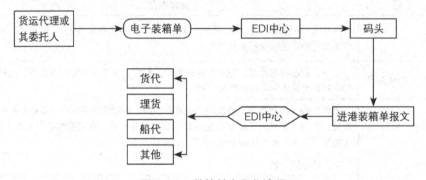

图3-10　装箱单电子化流程

（1）给港口码头带来的好处

以前纸质装箱单都是随车由司机带到码头道口，再由道口的工作人员输入各自计算机系统内。由于码头不能事先得到这方面资料，影响箱子进场安排，也影响道口通行速度。采用EDI传输可使码头在车到之前及时得到装箱单信息，车到后道口只要作简单确认即可，便于码头安排进场作业，道口通行能力也大大加快，使码头获得极大的经济效益。

（2）给货主带来的好处

电子装箱单的实施，推动了出口舱单电子化的顺利实现，提高了外贸运作效率、缩短了货主的出口时间、避免了因单证不符而造成货主出口退税的延误。

（3）给船舶代理带来的好处

电子装箱单的实施，使船舶代理可以根据码头提供的已进电子装箱单，理货提供的反映箱子实际装船情况的船舶报告和出口船图，及时缮制出口舱单并交给船公司。

（4）改善了口岸的整体形象

电子装箱单的运作为出口部分提供了数据，可带动整个出口一条线的EDI运作，不但可以加速出口运输进程，更重要的是加快口岸与国际接轨的进程，改善了口岸形象。

3.10 出口收汇核销单（已取消，仅供参考）

出口收汇核销单，是国家外汇管理局向出口企业和个人统一制发的，向税务机关办理出口退税申报的凭证。持有证件的人可以凭证向海关办理出口报关，向银行办理出口收汇，向外汇管理部门办理出口收汇核销。

3.10.1 出口收汇核销单的特点

出口收汇核销单是由国家外汇管理局统一制发和管理，各分支局核发。出口单位和受托行及解付行填写。核销单在贸易中发挥着重要的作用，海关凭此受理出口商的报关，外汇管理部门凭此核销收汇的有顺序编号的凭证（核销单附有存根）。

核销单是对外贸易中不可或缺的一个凭证，在一些对外业务中必不可少，因此，出口商在出口货物前，必须先向当地的外汇管理局申办核销单。

出口收汇核销主要具有以下特点。

（1）以核销单为核心

外汇管理部门的出口收汇核销管理贯穿于发放和收回核销单并办理核销的全过程，出口企业凭核销单，及其附件办理报关或委托报关和有关核销手续。海关凭核销单受理有关出口货物的"验讫"手续，出口退关时，海关在核销单上签注意见并盖章。

（2）以事后核销为基调

出口收汇核销手续是在货物出口且及时收汇或明确"去向"后，方可办理；换言之，出口单位除事先需向外汇管理部门领取一定量的核销单外，出口货物能否报关，何时报关无须也不应经外汇管理部门认可。

（3）以全方位为范畴

一方面覆盖面广，出口收汇核销在全国各地都贯彻执行；另一方面涉及点多。核销业务涉及所有的出口单位、外运、海关、金融机构、外汇管理部门，货款收妥或实物进口或明确"去向"的全过程。

（4）以增加收汇为宗旨

出口收汇核销制度，通过核销单的发放和出口单位不同，报关地点不一，规定了不同的交回核销单的时间以及对不同的出口地区、贸易方式和结算方式，明确了不同的最迟收款日期和相同的核销工作日等办理核销环节，以此全面、准确地掌握出口收汇实绩，并及时、有效地促进安全收汇，催促逾期收汇。

尽管核销单在国际贸易中是非常重要的一个凭证，但是，并不是说所有的贸易都需要办理核销单，根据国家外汇管理局、海关总署的规定，只有属于"需要使用出口收汇核销单的监管方式"时才需要出示，海关部门凭出口单位的出口收汇核销单，来办理核验手续，并按规定将电子数据上报外汇局，外汇局将跟踪监督出口单位收汇核销。

那么，哪些贸易方式需要使用核销单呢？按照国际惯例和有关规定，分为表3-13所列的24种类。

表3-13　国际贸易中需要使用核销单的24种贸易方式

贸易类型	代码	贸易类型	代码	贸易类型	代码	贸易类型	代码
一般贸易	0110	易货贸易	0130	来料加工	0214	采料深加工	0255
对外承包出口	3422	进料料件复出	0664	进料料件退换	0700	补偿贸易	0513
有权军事装备	3910	无权军事装备	3939	边境小额	4019	进料对口	0615
进料非对口	0715	退运货物	4561	对台小额	4039	进料深加工	0654
进料边角料复出	0864	保税工厂	1215	对台贸易	1110	货样广告品A	3010
出料加工	1427	租赁不满1年	1500	租赁贸易	1523	寄售代销	1616

3.10.2　出口收汇核销单的申领和注销流程

为了防止核销单的骗领、买卖以及肆意用于违规出口代理等业务。国家相关部门加强了对核销单的管理，即实行"使用前需申请，使用后要注销"的制度，且对申请和注销流程进行严格的规范，进出口企业在申请和注销时必须严格按照相关流程进行。现将有关步骤简列如下，具体如图3-11和图3-12所示。

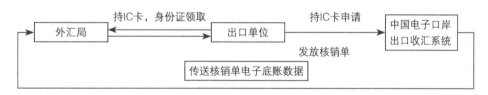

图3-11　核销单申领示意图

图3-12　核销单注销示意图

图3-11和图3-12分别说明了出口单位申请和注销核销单的流程，在申办核销单的整个流程中，涉及最多的就是中国电子口岸系统：出口收汇系统。

这个系统是中国电子口岸执法系统中的子系统，它利用现代信息技术，借助国家电信公网在公共数据中心建立出口收汇电子底账，使海关和税务部门实现联网数据共享，使申请企业凭着操作员IC卡。通过该系统办理相关业务，如向外汇局申请、领用核销单，向出口报关地海关进行核销单报关前的备案，随时随地核销单领取，综合查询等，总之大大方便了业务的展开，提高了办事效率。

3.10.3　出口收汇核销单的交单步骤

通过网上向外汇局申请，向出口地海关进行出口报关后，接下来就需要交单，以对各项信息进行综合查询。

交单具体可分为9个步骤。

第一步：经商务部或其授权单位批准，取得进出口经营权；

第二步：进出口单位负责人或授权代理人到海关办理"中国电子口岸"入网手续，以及"中国电子口岸"企业法人IC卡或企业操作员IC卡电子认证手续；

第三步：出口单位负责人或授权代理人持有关材料、有效证件到注册所在地外汇局办理登记；

第四步：外汇局对申报材料审核无误后，依法办理登记手续，并建立出口单位电子档案信息；

第五步：出口单位凭IC卡、核销员证、出口合同到注册所在地外汇局申领核销单；

第六步：到报关地海关有关部门进行核销单备案；

第七步：出口单位出口报关；

第八步：在报关出口后，出口企业负责人或代理人还需通过"中国电子口岸出口收汇系统"向外汇局交单；

第九步：出口企业在银行办理出口收汇后，到外汇局办理出口收汇核销手续。经过以上九个步骤之后，就可以申请一份核销单。一份完整的核销单上应填写出口单位名称、出口单位代码、出口币种总价、收汇方式、预计收款日期、报关日期、报关单编号、出口货物名称和数量等内容。

在国际贸易中，出口商通常需要对一笔货物进行保险，这时就需要跟保险机构合作，比如，在中国通常是与货运保险网合作。这个时候，就要涉及另一个重要的凭证——保险单。

3.11 保险单

3.11.1 保险单的概念及内容

保险单简称为保单，是保险人与被保险人订立保险合同时必须出具的正式书面证明，是保险合同成立的唯一证明。根据我国《保险法》的规定，保险合同的成立唯一取决于保险单的签发，只要投保人和保险人在合同的条款上协商一致，并签字，就意味着合同的成立，一旦出现任何事故，保险人就应负赔偿责任。

在履行合同开始生效后，保险公司以投保人填报保险单的内容为准。所以，双方填写的投保单对合同的履行十分重要。在保险单中，必须完整地记载订立合同双方的权利与义务，在实际操作中，双方也必须执行和履行合同的内容。

那么，保险单包括哪些内容呢？填报时要明确以下内容（表3-14）。

表3-14 保险单的内容

编号	项目	内容
1	保险人名称	按照保险利益的实际有关人填写订立双方的名称
2	标记	应该和提单上所载的标记符号相一致，特别要同刷在货物外包装上的实际标记符号一样，以免赔案时引起检验、核赔、责任确定的混乱
3	货物名称	要具体填写，一般不要笼统地写，如纺织品、百货、杂货等
4	货物数量	要将包装的性质如箱、包、件、捆以及数量都写清楚
5	保险金额	通常是按照发票CIF价加成来计算的。控制在10% ~ 20%，比如，发票价为FOB带保险或CFR，应将运费、保费相应加上去，再另行加成
6	装运工具	海运需写明船名、转运也需注明；联运需注明联运方式
7	航程路线	如到目的地的路线有两条，要写上自X经X至X
8	承保险别	必须注明，如有特别要求也在这一栏填写
9	赔款地点	除特别声明外，一般在保险目的地支付赔款
10	投保日期	应在开航前或运输工具开行前

保险单的内容是根据投保人的申请，由保险人签署，交由被保险人收执具有法律效应的文书。从而保证了被保险人在保险标的遭受意外事或发生其他损失时，可以从保险人那里得到索赔的主要凭证。因此，保险单的内容必须明

确、完整地填写。把双方有关的权利义务，主要涉及的保险人和被保险人的名称、货物标的、保险金额、保险费、保险期限、赔偿责任范围等等，以及其他规定事项都要交代清楚。

3.11.2　保险单的分类

保险单根据形式的不同分为以下几种。

（1）S.G.保单

S.G.保单是标准保单的简称，它是随着1906年英国议会通过的海上保险法的诞生而出现的一个附件形式的合同。长期以来，他是英国法定的海上标准保险单，由于英国长期在海上保险业占主导地位，S.G.保单在全世界保险业的影响也普遍起来。

但是由于该保险单拟定时是将船、货一起作为保险标的承保的，与现代航运业的现状完全背离，所以自20世纪80年代起逐渐被ICC保单与ITC保单取代。

（2）小保单

小保单又称保险条，是"保险凭证"的简称，是一种简化的保险单。保险凭证是保险人签发给投保人的一种合约性的凭证，表明其已接受投保。保险凭证上不载明保单背面保险条款，其余内容与大保单完全相同。

凡保险凭证上没有列明的内容均以同类的大保单为准。小保单的法律效力与大保单相同，但不能作为对保险人提出诉讼的依据，因而在国际市场上使用不多。在实务中，小保单一般由保险人签发，也可由保险经纪人作为预约保险单代为签发。

（3）大保单

大保单是指正式的保险单，亦简称"保单"，主要与小保单对应。

（4）预约保单

预约保险单是指保险人或保险经纪人以承保条形式签发的，承保被保险人在一定时期内发运的以C组术语出口的或以F组术语进口的货物运输保险单。它载明保险货物的范围、承保险别、保险费率、每批运输货物的最高保险金额以及保险费的计算办法。

凡属预约保险单规定范围内的货物，一经起运保险合同即自动按预约保险单上的承保条件生效，但要求投保人必须向保险人对每批货物运输发出起运通知书，也就是将每批货物的名称、数量、保险金额、运输工具的种类和名称、航程起讫点、开航或起运日期等通知保险人，保险人据此签发正式的保险单证。

需要指出的是，保险合同作为买卖双方利益的保证，是补偿性合同，被保险人并不能从保险赔偿中获得超过实际损失的赔偿，因此，溢额投保合同内容中带有过高的加成或者明显偏离市场价格的投保金额，是不会得到法律保护的。

3.12 检验证书

检验证书（inspection certificate），是检验机构对进出口商品进行检验、鉴定后对进出口商签发的一种书面证明文件。在对外贸易中，为确保进出口商的利益，确保进出口商品符合法律法规的规定，检验机构需要对进出口商品进行依法检验。这也是大多数国家和地区依法所做的一种强制性的行为。

3.12.1 检验证书的申请程序

根据我国法律规定，凡是需要经检验机构检验才能出口的商品，出口商必须最迟于报关或装运前一周申请报检。那么，对于出口商来讲，又应该按照哪些程序来申请检验证书呢？应该遵循什么样的程序呢？我国出口商品检验程序主要包括4个环节：报检资格认定、申请报检、检验、签发证书。

（1）首先就是对申报者资格的认定

① 报检单位或个人需要提供本单位营业执照或做外贸的资质，经批准后办理登记备案手续，取得报检单位代码。

② 报检人员必须经检验检疫机构的培训，合格后领取"报验员证"，凭证报检。对于委托或代理报检的，还须填写检验检疫机构提供的委托书。

（2）申请报检

填写相应的检单，提交有关的单证和资料（证件包括外贸合同、信用证、商业发票、装箱单、厂检单、商品运输包装性能检验分批核销单等等）。

（3）检验

上述单证经检验机构审查后，接下来将受理该批商品的报检，并及时派人员赴货物堆存地点进行现场检验、鉴定。在国际贸易中，普遍使用抽样法，除个别特殊商品外，抽样时，要根据不同的货物形态，按照规定的方法和一定的比例，在货物的不同部位抽取一定数量的、能代表这批货物质量的样品（标本）供检验之用。

（4）签发证书

检验检疫机构对出口商品检验合格之后，就会对出口商签发《出境货物通关单》，与之相应的检验检疫证书等等。在领取这些证书之后，即凭此在规定的有效期内报关出口。不合格的商品不能如期通关。值得注意的是，如果国外的客户要求签发检验证书的，根据规定不向国外提供证书，只发通关单。

进出口商品检验证书，具有鉴定、辨别真伪，保护进出口商合法权益，维护国际贸易正常秩序的功能，是国际贸易双方都必须履行契约义务、处理索赔争议和仲裁、诉讼的举证，还具有法律效应；是海关验放、征收关税和优惠，减免关税的必要证明。

3.12.2　检验证书的类型

目前，在我国海关出入境检验检疫局是公认的进出口商品检验机构，对凡是列入《出入境检验检疫机构实施检验检疫的进出境商品目录》，符合法律、法规规定需要检验的出口商品，或合同规定的必须经由检验检疫机构检验的商品进行检验。

通常，出口商品检验包括品质检验、安全卫生、数量鉴定、重量鉴定等。由此也会产生相应的检验证书，常见的检验证书有以下7种，如图3-13所示。

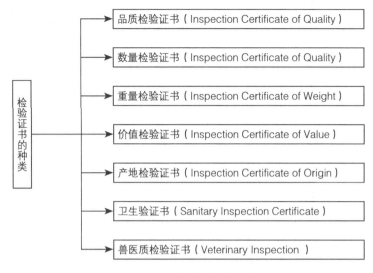

图3-13　检验证书的种类

3.12.3　需要检验的商品

检验证书对进出口商品的检验范围做了明确的规定，按照以上几种证书的种类，对法定检验的范围进行总结和分析。具体包括以下6项：

（1）凡是列入海关部门列出的《出入境检验检疫机构实施检验检疫的进出境商品目录表》内的所有出口商品。

（2）与饮食健康有关，容易腐烂变质的食品、冷冻品。

（3）动植物产品。

（4）对他人生命或财产可能带来的危险物品。

（5）国际贸易条约、信用证规定必须经检验检疫机构检验才能出口的商品。

（6）其他法律、行政法规规定，必须经检验检疫机构检验才能出口的商品。

对于那些检验检疫周期较长的货物，应留有更多的检验时间。只有经检验检疫机构检验合格后，获得检验证书或者放行单之后才可装运出口。值得一提的是，在获得检验证书之后的两个月之内必须将货物运出，超期限则应重新向检验检疫机构报验，并交回原签发的所有检验证书和放行单。

第 4 章

理清外贸流程

外贸活动有着完整的一套流程，外贸人员或相关人员通常都需要按照既定流程严格操作，这样才能保证双方交易的高效完成。

4.1 磋商：明确买方的合作意向

在整个对外贸易活动中，磋商通常是第一个流程，即是指买卖双方就某个或某批商品的合作条件进行协商，通过洽谈完成接单的这个过程。达成一致就意味着双方有了初步合作意向，甚至可以直接签订买卖合同。

4.1.1 磋商的内容

磋商是订立合同的前提，是双方就合同的全部条款或某些争议条款达成一致性的过程。因此，磋商的内容通常就是合同的常设条款，如合作的条件、交易金额、商品品名、品质、数量等详信息，包装、运输、保险、价格、支付、检验条件，以及一旦发生意外的索赔、仲裁事项等。

磋商成功后就意味着双方对合同条款的认可，在享有合同规定的权利的同时，也开始履行各自的义务。且对双方均具有约束力，任何一方违约都需承担相应的法律责任。

4.1.2 磋商的阶段

磋商的过程包括询盘、发盘、还盘三个阶段，三者是一个完整的整体，循序渐进，缺一不可，相互之间的关系如图4-1所示。

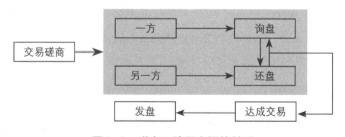

图4-1 磋商三阶段之间的关系

下面就分别来介绍一下各个阶段的主要功能。

（1）询盘

询盘是指交易的一方准备购买或出售某种商品，向潜在的供货人或买主咨询该商品的成交价格、数量及其他条件的行为，一般多由买方向卖方提出。

如，买方要求：

"请报200台××牌型号KFR34-GW空调FOB广州，5月份装运。"

（Please quote 200 sets Hualin brand air conditioner model KFR34－GW，FOB Guangzhou. Shipment in May.）

"请给我方供节能灯，详细资料见目录，10月份交货，请发盘。"

（Please offer saving energy，details in the catalogue，delivery in October.）

"请给我方报500箱黄桃罐头最低价。"

（Please make us best quotation for 500 cartons of Canned Yellow Peaches.）

上述都是在询盘中买方可以提出来的。当买方方提出这些要求时，卖方就应该及时答复，这个答复的过程被称为还盘。

（2）还盘

又称还价，在对外贸易中称为反要约，指的是受盘人不同意或不完全同意发盘人在发盘中提出的条件，从而需对发盘提出的修改或进一步协商意见。或对询盘中货物的价格、付款方式、质量、数量、交货时间和地点做出更改多由卖方向买方提出。

如，当卖方不同意买方的询盘条件时，可做出这样答复：

"十分遗憾，贵方发盘的要求，与现行市面价不符，还盘200美元，不迟于10月28日复到有效。"

（To our regret，your' offer is obviously out of line with the prevailing market，counter－offer USD 200 reply not later than OCT. 28 our time.）

"贵方7日电传价格太低，还盘50美元，限15日复到有效。"

（Your seventh price too low counter－offer USD 50 reply fifteenth.）

一经作出还盘行为，就意味着原发盘失效，所以，有时还盘就相当于新的发盘。

注意：还盘的内容对还盘人具有法律效力，实质性的变更不受法律保护。否则，会遭到对方的拒绝。根据《联合国国际货物销售合同公约》（以下简称公约）的规定，一方当事人对另一方当事人的赔偿责任范围，或解决争端的办法提出添加或更改时，均是实质性变更发盘的条件。对于实质性变更发盘条件的还盘，发盘人可以不予理会。

（3）发盘

又称发价、报价，法律上也称要约，指的是交易的一方为了销售或购买一批商品，对另一方，对合同内容提出的建议，表示同意或认可，并表明接受对方的行为即称发盘。

如：

> "××型号KFR34-Gw空调2 000台FOB广州，每台500.00美元，5月份装运，不可撤销信用证付款。"（Air conditioner Hualin brand model KFR34-GW 2 000 sets，USD 500.00 Der set FOB Guangzhou, shipment in May，payment by irrevocable sight credit.）

通常情况下发盘是对买方的要求表示同意后做出的回应，即同意发盘。根据《公约》的规定，发盘的有效成立必须满足下列条件：

① 发盘必须是针对某一个或几个以上特定的询盘人（Specific Persons）提出。特定人是指在发盘中明确的公司或个人，如果没有明确的受盘人即不是一项发盘，可看成是一项发盘的邀请。比如，一般的商业广告、寄送商品目录、价目单等，由于没有特定人接盘，故不能称之为一项发盘。

② 发盘的内容必须十分确定。一项完整的发盘中应该包含以下三项：货物的名称；规定货物的价格或明确确定价格的方法；规定货物的数量或明确规定数量的方法。根据《公约》的规定，发盘中只要包含了货名、价格和数量三个条件，即可构成一项有效的发盘。至于其他条件，如付款方式、包装、检验等，可在合同成立后双方按国际惯例协商处理。

4.2 备货：下订单进入采购和生产阶段

备货是一个专有名词，是定期交货前必须做的一个程序。按照《公约》第

30条规定："备货是出口商根据信用证和出口合同的规定，按时、按质、按量地准备好应交的货物。"所以出口商与进口方磋商成功后，必须按照合同和《公约》的规定，马上履行备货的义务，定期向进口方交付，并移交一切与货物有关的单据。

备货是一个非常简单的流程，对于有现成商品的出口商来讲，也许就是几天，甚至几个小时可以完成的事情，但对于一些需要定制化的或者特殊的商品来讲，程序则较为复杂，下面就备货阶段需要注意的几个事项逐一阐述。

4.2.1　备货前的准备工作

备货是出口商的基本义务，通常来讲，当出口商在收到信用证后，必须按信用证和合同的规定给对方备货。由于大部分货物在生产、运输等一系列环节需要花费一段时间，因此出口商必须事先做足准备工作。

备货时通常有两种情况，第一种情况是，商家本身就是生产厂家，只需将订单投入生产即可；第二种情况是，商家本身不是生产厂家而是代理，这时就需要向第三方预定或购买。

对于第一种情况，本身具有生产能力的出口商，只需向生产部门下达生产任务即可。并要求按时、按量生产出买方所需的材料，按联系单的要求准备货物。

对于自身不具备生产能力的商家而言，则必须预先联系具有生产能力的第三方企业进行购买或定制，并时刻跟进了解产品供应情况，保证符合买方的要求。

4.2.2　对备货进行审查和检验

备货的同时，出口方还需要按照合同和信用证的要求进行包装，入仓。尤其是在第二种情况下，为了保证质量，节省时间、资源和成本，就需要第三方合作者代为包装，入库。此时，作为出口方需要按照要求对备货进行审查和检验。

审查的项目主要包括以下内容，如图4-2所示。

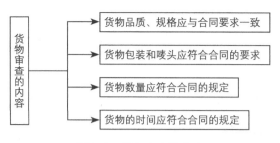

图4-2 货物审查的内容

4.2.3 向进口方发送备货通知单

在备货的过程中，需要向进口方发送备货通知单，这是出口方绝对不可忽视的一个细节。所谓的备货通知单就是用来告知买方商品的备货情况，商品的名称、规格、数量，发货时间、到达时间以及其他需要注意的事项等。

备货通知单模版以天津某纺织品进出口公司的发货单为例，如表4-1所列。

表4-1 天津某纺织品进出口公司备货通知单

出口国别\地区：澳大利亚
合同号：FZ 15089762   日期：2016年6月1日第00185号

商品名称		规格			数量
	包装		唛头		注意事项	
整装要求				信用证号码	104975
				装运期	NOV.20
				有效期	DEC.05
				装运港	TIANJIN
				目的港	
整装结果	件数		毛重		净重	体积
		每件			
		总计			
备注					

4.2.4 筹备资金的途径

无论自己生产产品，还是向第三方企业买进都必须筹备资金。当资金紧张时，出口商可以申请贷款，在对外贸易中又叫打包贷款。所谓打包贷款，是指出口商以信用证正本作为抵押提出的贷款申请，在经银行审核后发放一定额度的贷款。

贷款的金额一般要求不超过信用证金额，贷款期限为货款收妥结汇之日止，最长不超过收汇后的1个星期。

打包贷款是出口地银行为支持出口商按期履行合同、出运交货，向收到合格信用证的出口商提供的用于采购、生产和装运信用证项下货物的专项贷款。它是一种装船前短期融资，使出口商在自有资金不足的情况下仍然可以办理采购、备料、加工，顺利开展贸易。通常由出口商先向银行提出申请，申请的流程如图4-3所示。

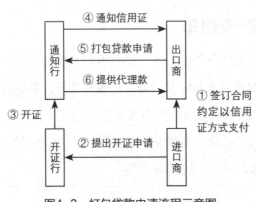

图4-3　打包贷款申请流程示意图

4.3　商检：到检疫局检验货物

商检，即是商品检验的简称，是指进出口商品在出口前必须经检疫局的检验，合格后才可正常出入。根据《公约》规定，凡是未经检验的进出口商品，一律不准销售、使用；经检验不合格的也一律不准出口或进口。我国有关法律《中华人民共和国商检法》也有明确规定："买方或卖方必须按规定在最短的时间内，将货物交送有关部门检验。如果有特殊情况，可将检验推迟，但一定不能企图逃脱检验"。

4.3.1　商检的作用

货物在装运前，出口方必须按约定到商检机构检验货物，这就是商检。商检是国际贸易中另一个重要的环节，随着国际贸易形势的多样化、复杂化，商检势在必行，它体现了不同国家对进出口商品实施的品质管制。

《商检法》规定，进出口商品实施检验的内容，包括商品的质量、规格、数量、重量、包装以及是否符合安全、卫生要求。检验的依据主要以买卖合同（包括信用证）中所规定的有关条款为准。

在我国国内，最权威、最大的检验机构是中国出入境检验检疫局，简称C.I.Q，也是我国进行出入境检验检疫工作的唯一部门，凡是我国出口的产品都需要由此处进行检验。国际公认的商检机构是瑞士SGS，目前，在中国主要城市都设有办事处。

检验的作用主要体现在两个方面，如图4-4所示。

（1）通过检验，从而限制出口商品在生产、销售等方面的随意性和盲目性，保证货物的品质、重量或数量等与合同条款的要求相符，最大限度地避免交易后出现异议

（2）经检验合格的商品，检验机构会出示一份出单证明，证明出口的货物符合出口的要求和标准。而这份证明单也是买家对产品得以信任和了解的最好途径。出口方持有检验货物合格开具的检验证明，以此为证交付买方，足以表明出口货物的合法性

图4-4　检验的作用

4.3.2　哪些货物需要商检

需要商检的货物，可以分为3类。

① 买方需要商检的货物　客户为保证自己收到的货和合同规定的一致，会要求卖方办理商检并出具商检单。

② 出口国需要法检的货物　出口货物有些国家规定必须在出口前做商检。

③ 进口国需要法检的货物　进口国可能对某些出口的货物规定必须检验。检验可能在出口地进行，也可能要在进口地进行。

第一类和第三类的情况需要事先与客户协商好。如果是第二类的话，到当地商检局用营业执照复印件备一个案，以后就可以直接在商检局申请商检。

4.3.3　商检的程序

进出口商品检验，是国际贸易中的一个重要环节。那么，商检主要有哪些

程序呢？按照惯例，目前我国进出口商品检验通常有4个步骤。

①接受报验　出口商或其他对外贸易关系人依法向商检机构报请检验。

②抽样　商检机构接受报验之后，及时派人员赴货物堆存地点进行现场检验、鉴定。

③检验　商检机构接受报验之后，认真研究申报的检验项目，确定检验内容。并仔细审核合同（信用证）对品质、规格、包装的规定，弄清检验的依据，确定检验标准、方法（检验方法有抽样检验，仪器分析检验；物理检验；感官检验；微生物检验等）。

④签发证书　在出口方面，凡列入"种类表"内的出口商品，经商检机构检验合格后，签发放行单（或在"出口货物报关单"上加盖放行章，以代替放行单）。

目前，已统一实行电子报检，出口企业需安装当地商检局强行指定的电子报检系统，进入电子报检系统，按系统要求及出口产品信息输入相关资料，然后点击"发送"，该单货的报检信息即传输到商检局联网的系统，发送成功后会自动生成一个报检编号，记下这个号。这个过程其实就是以前手动报检时在商检局报检大厅里的电脑里输机过程的变形。

4.3.4　商检的时间、地点

在货物检验时，涉及一个时间和地点问题，通常来讲，检验的时间、地点与交货的时间和地点应一致。地点可分为三个类型：在出口国检验，在进口国检验，在出口国检验、进口国复验，如图4-5所示。

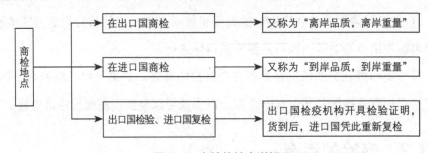

图4-5　商检的地点详解

然而，由于使用的贸易术语不同，商品检验的时间、地点也会不尽相同，具体可以根据当时的实际情况双方商定。

另外还有一点是不可忽视的，那就是，作为进出口商要明确检疫机构的商检标准。商品检验的标准主要有生产国标准、进口国标准、国际通用标准以及买卖双方协议的标准等。实务中，检验标准的执行顺序首先是按法律规定的强制性标准检验；无强制性的可延后或双方协商解决。

4.4　报关：向海关申报出口

报关是指进出口货物贸易收发货人、运输方，以及其他与贸易相关的人按规定向海关办理货物进出口境手续以及相关手续的全过程。按照《公约》的规定，无论在任何国家和地区，进出口货物必须通过海关设立的关卡，并办理规定的海关手续才能正常进境或出境。这是货物进出境的基本规则，也是进出境运输工具负责人、进出口货物收发货人、进出境物品所有人的一项基本义务。

4.4.1　报关范围

进出口货物贸易收发货人、运输方，或者其他代理人都是报关的承担者，也就是我们常说的报关人。报关人既包括法人和其他组织，也包括个人，比如进出口企业、报关企业，或者是物品的持有人、所有人。报关的对象是进出境运输工具、货物和物品。报关的内容则是办理运输工具、货物和物品的进出境手续及相关海关手续。

不经过海关批准的货物就无法正常通过边境。那么，在进出口贸易中都有哪些货物需要报关呢？报关的范围主要包括三大类，具体如图4-6所示。

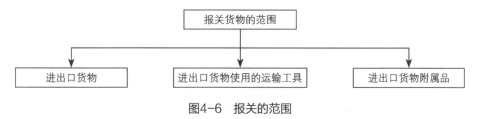

图4-6　报关的范围

（1）进出口货物

这里的"货物"包括保税货物，暂时（准）进出口货物，特定减免税货物，过境、转运和通运货物。以及一些无形的、特殊的货物，比如水、电，以及附着在货品载体上的软件等。

（2）进出口货物使用的运输工具

指用来载运人员、货物、物品进出境，在国际间运营的各种境内或境外船舶、车辆以及航空器和驮畜等。

（3）进出口货物的附属品

指进出境的行李物品、邮递物品和其他物品。以进出境人员携带、托运等方式进出境的物品为行李物品，以邮递方式进出境的物品为邮递物品，其他物品主要包括享有特权的外国机构或人员的公务用品或自用物品，以及通过国际速递进出境的部分快件等。

4.4.2 报关的步骤

报关由一系列的工作组成，一般而言，包括向海关申报、陪同海关查验、缴纳进出口税费及放行装运等。因此，在准备进出口货物之前，作为出口商必须专门抽出时间来办理报关手续。进出口商作为报关的主体，该如何做好这一环节的工作呢？出口商在报关前须有所准备。

下面就解释一下货物报关的基本流程，就出口商而言，可分为申报、验货、缴纳税费、放行装运等步骤；而就海关立场而言，可分为收单、验货、估价、放行四个步骤，如图4-7所示。

图4-7　报关的步骤

（1）申报

申报，即通常所说的"报关"：它是指进出境运输工具的负责人、进出口货物和物品的收发货人或者其他与货物有关的人员，在进出货物通过海关监管的口岸时，在海关规定的日期交接，并以一定的方式向海关报告其进出货物的情况，并随附有关货运和商业单据，申请海关审查放行，并对所报告内容的真实性、准确性承担法律责任的行为。

（2）验货

货物查验也叫验关，它是指海关在接受报关单位的报关员申报后，依法为确定进出境货物、运输工具和物品的性质、原产地、货物状况、数量和价值等是否与报关单上填报的内容相符，对货物实施检查的行政执法行为。通过对货物的查验可防止非法进出境及走私、违规、逃漏关税，保证关税依率计征，维护对外贸易正常开展。

（3）缴纳税费

出口关税是海关根据国家的有关政策、法规对进出口货物征收的税费，其主要目的是控制一些商品的盲目出口。目前除少数商品外，大部分是免征关税的。我国关税采用从价税，是以出口货物的价格作为计税依据，以应征税额占货物完税价格的百分比作为税率。其计算公式为：

出口关税税额=离岸价格FOB／（1+出口关税税率）×出口关税税率。

（4）放行装运

放行是海关接受出口货物的申报，经过审核报关单据、查验货物、依法征收税费后，对出口货物做出结束海关现场监管决定的行为。

出口通关前的准备工作：

① 备齐准备出口的所有货物，及附带物。

② 取得报关资格：如委托报关，需办理报关委托。

③ 准备报关单证：主要包括发票、装箱、提（装）货凭证（或运单、包裹单）、出口收汇核销单、海关签发的进出口货物征免税证明等，与进出口货物直接相关的商业和货运单证，以及国家有关法律规定实行的特殊管制、特殊管理证件等。供海关检查时必定要查证件，包括贸易合同、货物原产地证明、委托单位的工商执照证书、委托单位的账册资料及其他有关单证。

④ 填制报关单：严格按照实际情况填制，同时还要遵守海关的特殊要求，如有些时候海关会根据进出口商品的不同情况对商品数量的填报做出一些规定。

⑤ 报关单预录入：是指在实行报关自动化系统处理《进出口货物报关单》的海关，报关单位或报关人将报关单上申报的数据、内容录入电子计算机，并将数据、内容传送到海关报关自动化系统的工作。

4.5 运输：将货物与客户实现交接

无论是CFR还是CIF术语交易条款中，外贸公司、出口商作为卖方，都必须按照合同规定，负责办理租船或订舱手续，将货物运抵到指定地点。所以，当货物备妥，信用证经审核、修改无误后，出口商即应该进入租船订舱，安排运货的阶段。

4.5.1 必须按约定如期交货

约定如期交货是双方交易进入实质性阶段的开始，这一环节工作做得好坏直接影响着交易的最终成败。

案例分析

2011年2月10日，美国某公司计划从我国某进出口公司进口一批乳胶制品，双方经过多次洽谈，几经还价，2月20日终于达成了协议。协议中规定，我方将于十天后将货物送到纽约港。双方接受各项交易条件，并签订书面确认书，24日美国方面将拟就合同草稿寄达我方的公司。

我方由于对某些条款的措辞需要进一步研究，所以未及时给予答复。不久，交货期临近，美国公司方面来电催促，要我公司立刻发货。此时，正值海上起风，我方遂以路途不安全为由，要对方更改日期。可是对方迟迟没有回复，也未签订确认书。货物到达港口时，比预定时间晚了一个星期，对方以合同尚未有效成立为由拒绝付款。

这个案例中，对方的拒绝是有道理的，因为对方接受的通知中列有"以签订确认书为准"的保留条件，而对发盘表示有条件的接受，仅构成一项还盘，而不是有效的接受。事后提交书面更改意见，对方尚未答复，再次说明合同成立的条件并不具备。因此，从法律上讲，合同既未成立，外商拒绝是符合道理的。

这是一个因在装运安排方面不合理而导致交易失败的案例。在货物起运前一定要安排妥当，什么时间起运，什么时间到达以及采用什么样的运输工具，一定要事前安排好，以签订的合同为准。如有更改，一定要及时通知对方，征得对方同意，否则一切损失自负。

4.5.2 保证按时交货的4个条件

由此可见，安排装运也需要遵循一定的程序，下面我们就来具体了解一下货运的程序有哪些：

（1）定期安排船运时间表

出口商在发货前一定要对发货日期、到货日期、收单日期、接受日期做一个明确的安排，即每月定期发布出口船期表，表内要列明起航时间，航程路线、船的名称、抵达国家和港口以及沿途停靠港口等。一方面是为了供货方便，另一方面是供托运人作为租船订舱的参考。

（2）托运单：订舱依据

根据船期表，结合货物出口要求填写托运表，这份表格是订舱、起运，以及出港的依据。一式七份（其中第三联、第四联分别作装船单和大副收据），连同提取货物为出仓单，在截止收单期前送海运公司。

如果是租船托运，这份表格将是作为订舱依据。其内容为托运人、船名、目的港、货名、标记及号码、件数、重量等项。海运公司在收到托运单后，将会根据贸易合同和信用证条款内容，结合船期、货物性质、货运数量、目的港等条件进行考虑，认为合适可以接受后，在托运单上签章，订舱手续即告完成，运输合同业已成立。

（3）确定海运方式

在国际贸易中，大型货物通常都是采用海洋运输的方式。海洋运输分为班轮和租船两种。班轮运输指的是船舶按照固定的船期，在约定的航线上，运送到固定的港口，或者按照各港口的顺序进行营运。

班轮船舶一般设备较全、质量较高，其停靠港口均有自己的专用码头、仓库和装卸设备，并有一套专门的管理制度。从装载、运输、保管、照料直到卸载，都对货物的安全管理负责。因此，这种运输方式在现代对外贸易中非常具有竞争力，特别适宜杂货和小额贸易货物的运输，批量小、批次多，大大提高了外贸的安全性和及时性。

租船运输与班轮运输正好相反，它没有预订的船期表，也没有固定的航线、港口、船舶。通常是根据当时的交易条件到出租公司租船，与船东签订租船合同条款营运，程租以整个航程为租期，按船东与租船人双方事先约定的条件按时到达装货港口，装船后开航到目的港卸货，卸毕即终止合同。期租是按一定期限租船，在租期内租船人支付租金以取得船舶使用权。

如粮谷、饲料、矿砂、煤炭、石油、化肥、木材及水泥等，或是数量较大的大宗货物，出口通常采用这种运输方式。

这种方式的最大缺点是，价格不稳定，容易受到租船市场供求的影响，船多货少时价格就低，反之就高。更重要的一点是，货主无法准确及时地掌握运输的主导性，因为租船人可以根据自己的需要进行改变或期租调整。如希望租用整条船，可以选用期租方式；如货物不足一整船，就不宜采用期租船，只要与船东事先约定好，就可以租用一部分舱位。

（4）装货单，货物上船

确定船舶和舱位之后，海运公司将托运单一联交付签发作为装货单。这份装货单，将成为海运公司或其代理人发给托运人或货代人货物的唯一凭证，同时也是托运人办理海关出口货物申报手续，将单上货物交付客户的单证。

至此，租船订舱乃至装船都已完成。如按CIF条件成交，外贸人士在装运前还须及时向保险公司投保。待货物装船完毕后应向买方发装船通知。之后，只要静待货物运到就可以了。

4.6 收汇：从客人那里收钱结汇

出口企业在出口货物或提供服务后需要向对方收取等额的货款，简而言之就是收款。收汇就是针对这部分货款，从境外汇入行到境内指定收汇行的过程，货物在如期发出后就可要求买方结汇。

4.6.1 收汇的方式

收汇是外汇增收的主要途径，在我们国家对外汇有严格的监督和管理，尤其是大额外汇只有国家才能拥有。所以出口企业每出口一笔货物，国家一定要把收入的外汇纳入国家管理。这也是为什么出口时海关会要出口商提供外汇核销单，出口的金额会显示在核销单上，等交易完成，国外把外汇汇过来时出口商必须把收到的外汇和外汇核销单送外管局去核销，国家会将这笔外汇兑换成相应的人民币给你。

在国际贸易中，进出口双方进行结账的方式有很多种，常见的支付方式有汇付和托收。汇付是买方向卖方支付货款的行为，托收是卖方向买方收取货款的行为，两者是互逆的过程。

4.6.2 汇付流程及类型

汇付（remittance）又称汇款，是指汇款人通过委托汇出行将一定金额的款项汇交收款人的一种结算方式。在这过程中，通常会涉及四方的参与，汇款人、汇出行、汇入行、收款人。汇款人为买方，汇出行为买方所在地的银行，汇入行为卖方所在地银行，收款人为卖方。具体流程如图4-8所示。

（1）汇付的流程

按照大多数国家银行的做法，汇款人在委托银行办理汇款时需随附一份汇款委托书（collecting order），形成委托人与委托行之间的委托代理关系，委托书中需要明确提出各种指示，银行接受委托后，应按照委托书的内容与汇入

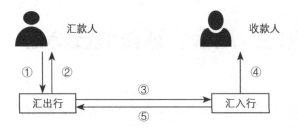

①→汇款人填写汇款委托书，连同款项提交汇出行；
②→汇出行接受申请，出具交款回执交汇款人；
③→根据汇款申请书的指示，以信函方式通知汇入行向收款人付款；
④→汇入行收到汇出行的信汇付款委托书后，验证密押无误后，出具信汇通知书交收款人，通知收款人取款；
⑤→汇入行向收款人付款后，向汇出行寄交付讫收据。

图4-8 汇付流程

行沟通，办理汇款业务。

在这个过程中因交付委托书的方式不同，汇付也产生了3种不同的方式，分别为信汇、电汇和票汇3种。3种汇付方式的不同之处在于，汇出行向汇入行交付委托书的方式不同，其优劣势也是应不同场景、不同需求而各自有之。

(2)汇付的种类

① 信汇。

信汇（mail transfer，简称M／T）是指汇出行应汇款人的申请，将信汇付款委托书采用邮寄的方式寄给汇入行，授权解付一定金额给收款人的一种支付方式。

这种支付方式优势是费用低，劣势是速度慢，通常由汇出行通过邮寄的方式将付款委托书交给汇入行，汇入行根据汇出行的印鉴和签字核对无误后才能支付，期间程序繁多，流程繁杂，收款人需等较长时日才能收到款。

② 电汇。

电汇（telegraphic transfer，简称T／T）是指汇出行应汇款人的申请，将电汇付款委托书用电讯手段通知汇入行，授权解付一定金额给收款人的一种汇付方式。电汇的费用较高，但收款人能迅速收到货款。

电汇在汇付中使用最多，优势是便捷、速度快，劣势是稳定性、安全性较差，时常会受网络、国际黑客的影响。在我国，电汇的手续费一般按总金额的0.1％收取，最低为50元人民币，最高为1000元人民币。

③ 票汇。

票汇（remittance by banker's demand draft，简称D/D）是指汇出行应汇款人的申请，代汇款人开立以其分行或代理行为解付行的即期汇票，支付一定金额给收款人的一种汇付方式。

实务中，根据汇票填写收款人的不同，持票人可做如下处理：

a. 当汇票上的收款人为出口商时，出口商在汇票背后盖章签字后即可送银行收款。

b. 当汇票上的收款人为进口商时，汇票应有进口商的背书。若汇票为记名背书，出口商即可送银行收款；若汇票为空白背书，出口商须在汇票背书方可送银行收款。

4.6.3 托收流程及类型

在国际贸易中，托收（collection）也是进出口双方发生支付行为的一种方式，是指债权人（出口商）出具汇票委托银行向债务人（进口商）收取货款的一种支付方式。在我国，银行一般按货款总额的0.1%收取手续费，最低100元人民币。

托收参与机构或人有4个，分别为委托人（principal）、托收行（remitting bank）、代收行（collecting bank）和付款人（payer）。委托人为卖方，托收行为卖方所在地的银行，代收行为买方所在地银行，付款人为买方。

（1）托收的流程

托收的流程如图4-9所示。

按照大多数国家银行的做法，委托人在委托银行办理托收时，需随附一份托收委托书（collecting order），形成委托人与委托行之间的委托代理关系，在委托书中明确提出各种指示。银行接受委托后，应按照委托书的指示内容办理托收。对于托收过程中委托人与银行之间就各自权利、义务和责任，国际商会制定了相应的规则，最新的是《托收统一规则》。

（2）托收的种类

托收方式根据托收时金融单据（financial documents）是否附有商业单据

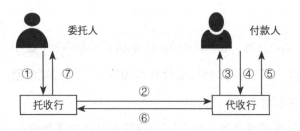

①→委托人按合同规定将商业发票、货运单据和远期汇票等有关单证，填写委托申请书，交托收行；

②→托收行接受委托人申请后，根据委托申请书缮制托收委托书；连同商业发票、货运单据和汇票等单证交代收行，委托代收行代收货款；

③→代收行根据委托书的指示向付款人交付商业发票、货运单据和汇票等单据和凭证；

④→代收行收回经付款人承兑的汇票和商业发票、货运单据，并付款；

⑤→代收行向付款人交单；

⑥→代收行通知托收行货款已收妥，并向托收行转交货款；

⑦→托收行扣减托收费并向委托人交款。

图4-9 托收流程

（commercial documents）分为光票托收（不附有商业单据）和跟单托收（附有商业单据），国际贸易大多使用跟单托收。

在托收的情况下，根据交单条件的不同又可以分为付款交单（documents against payment，简称D／P）和承兑交单（documents against acceptance）。付款交单是指出口商的交单以进口商的付款为条件，即只有在进口商付清货款后，才能把货运单据交给进口商。

按付款时间的不同，付款交单又可分为即期付款交单和远期付款交单。

① 即期付款交单（D／P sight）是指出口商发货后开具即期汇票连同货运单据，通过银行向进口商提示，进口商见票后立即付款，进口商在付清货款后向银行领取货运单据。

② 远期付款交单（D／P after sight）是指出口商发货后开具远期汇票连同货运单据，通过银行向进口商提示，进口商审核无误后即在汇票上进行承兑，于汇票到期日付清货款后再领取货运单据。

在远期付款交单情况下，如果货物已经到达目的港，单据也已经到达代收银行，但汇票的付款时间未到，而买方欲抓住有利行市提前提货，则可采取以下两种办法处理。

a. 在付款到期日之前提前付款赎单。在实际业务中当市场行情较好时，买方可选择提前付款。因为这样买方既可获得较高的售价，又可扣除提前付款日至原付款日之间的利息，享受提前付款的现金折扣。

b. 凭信托收据借单。信托收据（trust receipt，T／R）就是进口方借单时提供的一种书面信用担保文件，用来表示愿意以代收行的受托人身份代为提货、报关、存仓、保险、出售货物，并承认货物所有权仍属代收行。只有付清货款后所有权才能转交给进口方。

4.6.4　议付

在外贸结算中，还有一种重要的形式——议付，通常是指出口商委托银行买入托收项下跟单汇票的行为，被委托的银行称为议付行。值得注意的是，在支付过程中，议付行会帮受益方审单，寄单据，但不会提供资金融通。

案例分析

我国某进出口公司S与伊朗某公司P以CFR的形式签订了一份电机出口合同。合同中规定，货物安全抵达目的地之后，对方以信用证议付的形式支付货款。偿付行为开证行伦敦分行，通知行为B行北京总行，到期日为某年5月26日，可分批，可转运。

信用证规定商业发票由贸促会或其他公证机构证实，并由伊朗驻中国大使馆确认，产地证由贸促会签署并由伊朗大使馆确认。

该公司按如上要求办好手续，于5月10日备齐全套单据后，已是装船后20天了，P公司将全套单据交其开户行kk当地C行交单议付，银行审单人员在仔细审核全套单据后，发现信用证有一条款不甚明确："Sole Bank Authorized to negotiate."

对此条款有两种理解：一是只能在一家银行办理交单议付（因信用证有可分批装运条款）；二是该条款应理解为限制议付条款，但信用证未说明到底哪家银行为议付行，而除偿付行和通知行外未出现其他银行，故推测为限制通知行议付。

鉴于距最后交单期只有1天时间，寄单北京或到北京议付都不可能。而受益人声称与申请人曾有多次合作关系，全套单据无其他不符点，因此，C行缮制面函，寄单开证行并声称："我行随附单证相符的单据于贵行，并根据信用证条款向偿付行索偿。"寄单当日，电传偿付行，要求偿付。

偿付行于5月11日将其给开证行的电传抄送一份给C行，电文内容如下："我行收到C行索偿指示，系你行××信用证项下，金额USD30,000，但我行记录索偿行为B行北京总行，请速指示。"之后C行多次电传偿付行，查询此笔款项结果，偿付行以尚未收到开证行指示为由拒绝付款。

6月3日，C行致电开证行，要求其授权伦敦分行付款。6月11日，开证行电复如下："Please note Bank C is the sole Bank Authorized to negotiate relative docs not you. Therefore we treat docs on collection basis. Meanwhile the payment will be effected upon releasing the goods from Customs House In Iran Complied With L/C terms. In view of above, contact the bene and let us know if we may deliver the docs to the buyer."（请注意是C行而不是你行被授权为唯一的单据议付行。因此，我们将单据按证下托收处理。款项将在单证一致、从伊朗海关释放货物后支付。根据上述情况，请洽受益人并告我方可否向买方放单。）

6月13日C行在取得受益人一致意见后致电开证行："贵行信用证中并未明确限制B行北京总行为议付行，我行在受益人要求下将单证相符的单据提示贵行要求付款，根据UCP500第9条（A）款'在不可撤销信用证下，若将规定之单据提交于被指定银行或开证行且符合信用证条款，即构成开证行的确定承诺……'，并提醒开证行参阅国际商会第535号出版物《跟单信用证案例研究》案例27银行委员会的意见，'允许议付的信用证下，受益人没有到指定银行议付并不影响开证行和保兑行（如有）的责任，也不构成对信用证条款的不符，只要受益人在信用证效期内并根据情况在UCP500第43条（A）款规定的期限内向指定银行或直接向保兑行（如有）或开证行提交相符的单据。'据此，要求开证行立即付款。"

开证行在收到此份电传后未付款且未做任何答复。与此同时，受益人也积极地做申请人的工作，从申请人处得知，开证行于6月11日曾电传B行北京总行要求证实该行未做议付。

C行于6月26日致电B行总行请其协助尽快发电证实，以求收回货款。6月28日当地B行致电开证行证实B行未做议付。

C行于7月2日收到开证行的付款（本金），结束此笔业务。

此案例中进出口公司S虽然最终收回货款，但是还是造成了利息损失。其主要原因是：议付条款不明确。在本案中伊朗方企业并没有明确议付行，只在信用证上标了一句"sole bank authorized to negotiation"。这句话容易产生前面所述的歧义，如果按照这个条款执行的话，议付行可以是B行，也可以是C行，这样不但会引发业务混乱，而且即使办成，这一来一回在时间和成本上也是极大浪费。

所以说，一般议付条款要明确规定是自由议付还是限制议付。限制议付时，一般是这样表述的，即"available with xxx bank by negotiation"，而公开议付则为"available with any bank by negotiation"。而本案中"sole bank authorized to negotiation"的情况则非常少见，其意义不明确，容易产生前面所述的歧义，受益人按照任一理解交单是可以理解的。而开证行对偿付行的指示指的议付行是B行。这样一来一往的解释与争论浪费了很多时间和费用。从道理上说开证行指示不明导致受益人不应有的损失，责任应在开证行一方，而且UCP535对此类问题做出了明确的解释，开证行不能摆脱自己的付款责任。

那么，什么是议付呢，通常包括两种含义，如图4-10所示。

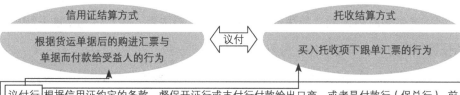

图4-10 议付以及议付行的职责

这里面银行充当了代理人的角色，当付款行将货款安全交付时，对方会通知出口商领取；当开证行拒付时对方也督促汇款行及时付款，并通知出口商本人去和客户沟通。在这项业务中，这一角色的银行就像链接各方的纽带，协调各方的利益关系。我们把这种银行称作议付行。

在外贸业务中，发货后开证行或者付款行（保兑行）可以凭借信用证先付钱给出口商，但需要出口商在出口地联系某一个银行交单。只有这个银行将所有的资料审核通过，得到该银行的认可，然后拿着这个凭据去付款行索汇，才可先按照信用证金额进行支付。如果付款行正常付款，按照正常程序交易完成；如果付款行拒付，交单行可以向出口商追索。这种有追索权的信用证项下的资金融通就是出口押汇，也就是我们这里说的议付。

在议付中需要注意的问题，国际商会（ICC）535号出版物对此类问题做出了明确的解释，如果因开证行的指示不明而导致受益人货物或金钱上有损失，责任应在开证行一方，开证行不能摆脱自己的付款责任。

除了有开证行的疏忽应负有一定的责任外，还与其他各方有关。比如，通知行，受益人等，任何一方的工作做的不到位，都有可能影响到汇款的及时性和准确性。

主要表现如下。

① 通知行未尽"合理谨慎"之责。

通知行要对信用证认真审查，发现疑问或对自己取单、交单不利的条款要及时查询，并及时作出相应修订。

② 受益人要尽快备单，以免被动。

③ 产生分歧后，发生损失的银行和受益人要按照《跟单信用证统一惯例》的依据据理力争，争取将损失降到最低。

④ 尽快与对方进行沟通，搞好合作关系。买卖双方良好的合作关系是争取解决信用证分歧的最后保证，只要贸易双方能相互信任、相互配合，银行间的纠纷也就好解决了。

4.6.5 远期支票支付

支票，是指由出票人签发的，委托银行在见票时无条件支付一定金额给收款人或持票人的票据。在外贸计算中，通常使用的是远期支票，所谓的远期支票，指的是支票上所记载的出票日比出票人实际签发日期晚的一种支票。

在外贸货款支付流程中，远期支票是一种非常重要的方式，但是由于风险较大，不建议采用这种支付方式。我国现行法律不允许签发远期支票，早在1989年4月1日，中国人民银行就颁布实施了《银行票据结算办法》。其中第三章第十九条明文规定：任何单位和个人办理结算必须严格遵守银行结算办法的规定，不准签发空头支票和远期支票。

如支付日期有问题，就存在很大隐患。

支票付款的支付日期通常是见票即付，而且付款期限很短，大多是按实际出票日期为准，因此也叫即期支票。但很多时候并不这样，因为支票上有多个日期，如到期日记载、承兑记载和利息记载等一般被视为无效日期，从而带来了很多支付隐患。下面案例中A公司就是利用了多个"应付款日"，混淆视听，无故拖延货款。

案例分析

2008年5月，我国国内某出口商A公司向美国B公司出口一批毛绒玩具，货值约46万美元，分两次运送到买方指定的地点出运日期5月4日至8月4日。订单规定，支付方式为出运日60天后以电汇（T/T）的方式付款。

签订合同之后，第一批货于第5日如期运送出去，货物出运后，A公司没有收到货款。事后才得知，美国这家公司早就有财务危机，并于7月25日向当地法院申请了破产保护。至此，A公司的全部货款分文未得。

这起案件表面上看是对方的信用问题，其实是付款环节出了问题。按照合同规定，A公司发出第一批货物后，7月4日就应该收到第一款。第一笔未到，对方就属于违约，不按期付款已经构成了违约的事实。

事实上，A公司在7月4日就应该知晓买家破产的情况，在这种情况下，为什么仍要发第二批货？

原因是，对方虽然表明货款的支付方式是17日,但实际支付却发生了变化。具体付款流程是这样的：货到之后，5月10日开出付款单，日期为7月30日的"远期支票"，到了"付款日"后，A公司再通过银行办理托收手续，从买方收款结汇。依照该解释，合同的支付方式已由"电汇"变成了"支票付款"。

由于上述原因导致的放账期延长，使A公司不可能在合同规定的应付款日（即7月4日）得到第一笔货款。而在之后的两个月内，A公司又按照买方的订单将第二批货运输，最终因买方破产而造成巨额收汇损失。

本案的关键在于对方暗中操作，将货款的支付方式由电汇款改为了远期支票。即通过一张远期支票巧妙地把付款日期推迟了近一个半月（买方在5月份签发出票日为7月30日的远期支票，实际上A公司只能在7月30日以后才能兑现），即A公司于支票上标注的出票日期（7月30日）通过出口地银行办理托收，再由托收行向买方开户行，即付款银行办理提取手续。

采用以上支付方式，从出口商办理托收，到货款进入被保险人账户需要近半个月的时间，也就是8月15日左右。实际信用期限的延长无疑加大了出口商的收汇风险，导致损失的扩大。

由此可见，在与外商商定付款方式的时候，尽量避免采用远期支票付款方式。然而，我国不允许使用远期支票并不代表就可以无视它的存在。因为，国际上有很多国家是允许使用的，如美国是被允许使用远期支票的，如果出票人不希望远期支票持有人在出票日之前将相关支票拿到银行兑现，出票人可以在出票后立即将相关支票信息书面通知银行，并要求在票面不显示出票日之前不予兑现。

因此，在与这些国家做外贸时就需要采取适当的措施，将风险控制在最小。可以说，只要采取必要措施，风险仍在可控的范围之内。那么，出口商该如何来应对买方的远期支票支付风险呢？可从以下两个方面入手：

（1）强化风险防范意识

出口商应重视支付工具变化所隐含的风险，强化风险防范意识。在国际贸易实务中，收汇风险的发生固然与买方恶意拖欠有一定的关系，但出口商对买方违反合同行为的默许，也在一定程度上扩大了损失。本案中，A公司对买方违反合同约定，以远期支票代替T/T付款，任意延长账期的行为置若罔闻，使其预期应得利益受到损害，同时也加大了自身的收汇风险。

（2）及时跟踪买方资信状况的变化

在大额交易的情况下，出口商应及时跟踪买方资信状况的变化。在国际贸易实务中，全面收集买方信息，实时跟踪买方当前经营状况，可以在一定程度上控制风险，减少损失。尤其是在买家系上市公司（如本案中的美国买家）的情况下，由于各国公司法和证券法均规定，上市公司对公众投资者负有持续信息披露的义务，因此出口商可借助对上市公司公开信息的采集（年报、半年报、季报、股价变化等），捕捉买家风险异动信号，动态监控买家当前经营状况。如果出口商及早发现买家的财务状况不佳，提前采取风险控制措施，最终损失金额很可能会大大减少。

4.7 核销：向外汇管理局申报

核销是指加工贸易单位在合同执行完毕后将《加工贸易登记手册》、进出口专用报关单等有效材料递交海关。由海关核查该合同项下进出口、耗料等情况，以确定征、免、退、补税等海关后续管理中的一项业务。

4.7.1 办理核销手续

办理核销手续需要先填写一份由国家外汇管理局制发的核销单，出口商和银行各填写一份。这份凭据十分重要，海关凭此受理报关，外汇管理部门凭此核销收汇。

核销单的介绍以及办理已经在第3.10节有详细介绍，这里不再赘述。这节重点介绍出口核销的程序，核销的程序通常有5个，具体如图4-11所示。

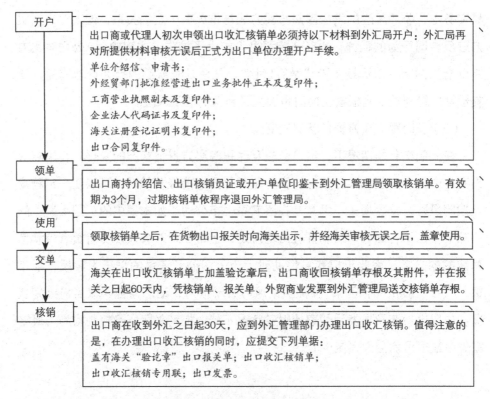

图4-11　办理核销手续的流程

4.7.2　核销单的申请原则

核销单是外汇管理局统一发放的一种外贸凭证，管理比较严格，因此在申请上除了准备充足材料之外，还必须遵循一定的原则。通常来讲需要按照以下4个原则进行：

（1）属地管理

出口单位或代理人必须到其企业注册所在地的外汇管理部门申领，不得跨地区办理。同理，办理核销与申领地应该保持一致。

（2）专单专用

核销单实行的是专单专用，谁申领谁使用，不得转借。核销单交回注销，也应由办理人亲自持有该证到相关部门撤销。

（3）领用衔接

核销单数量的增减必须与贸易的实际情况相符合，与已用核销单及其已核销情况和预计出口息息相关，奉行多用多发、少用少发、不用不发的政策。

（4）单单对应

一份报关单对应一份核销单，在申请上，有关部门会结合报关单、核销单、发票、汇票副本上的有关栏目的内容保持一致，如有变动应附上有关的更改单或凭证。

出口单位或货物代理人在办理核销程序之后，应在收到外汇之日起的一个月之内凭核销单、银行出具的"出口收汇核销专用联"到外汇局办理出口收汇核销。如果遗失应及时补办，补办必须在15天之内向外汇局提供书面说明情况，申请挂失。外汇局在核实后会统一登报声明作废。经批准后，外汇局出具"出口收汇核销单退税联补办证明"。

4.8 免税、抵税、退税：有效利用优惠税收政策

免税、抵税、退税是国家为鼓励纳税人从事或扩大某种经济活动而给予纳税人的一种优惠政策，对已纳税款的人实行一定额度的退还。其中一项最重要的政策就是出口退税，根据国家税务局的规定，我国对生产企业出口的自产货物实行"免、抵、退"的管理办法，大大降低了出口成本。

4.8.1 优惠税收政策的内容

出口退税作为我国税收优惠政策的主要内容之一，是我国退税优惠政策的重要组成部分。具体是指，国家依法对某些出口商品退还其在生产和流通环节缴纳的部分税，如产品税、增值税、消费税等一系列的税收。

2005年5月1日起，我国实施的《出口货物退（免、抵）税管理办法》中，出口退税制度的目的是为出口企业降低成本，增强出口产品的竞争力，鼓励出口。

出口退税政策基本内容包括三项：免、抵、退，具体如图4-12所示。

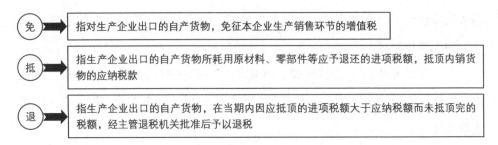

图4-12　出口货物优惠税收政策主要内容

通过退税，以使出口商品不含税成本进入国际市场，与国外产品在同等条件下进行竞争。这种制度在很大程度上增强了平衡出口货物与国际货物的成本，以及出口企业的竞争能力。

4.8.2　优惠税收政策的实施范围

《出口货物退（免、抵）税管理办法》对优惠范围做出了明确的规定，只有在规定范围之内的出口商品才可享受相应的优惠政策。具体来讲包括三类货物：生产企业自营出口或委托外贸企业代理出口（以下简称生产企业出口）的自产货物（另有规定者外）；增值税小规模纳税人的出口自产货物；生产企业出口自产的属于应征消费税的产品。

可享受优惠税收政策的货物类型如图4-13所示。

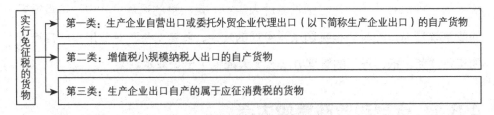

图4-13　实行免征税的货物类型

这里有两点值得注意：

① 所有的出口货物必须出自生产企业。所谓的"生产企业"是指独立核算，实行生产企业财务会计制度，经主管国税机关认定为增值税一般纳税人，并且具有实际生产能力的企业和企业集团；

② 所有的出口货物必须是自产货物。"自产货物"是指生产企业购进原辅材料，经过加工生产的货物。

自产货物的范围非常广，除了自己生产外，还包括委托第三方加工、生产的；从第三方收购的、同时与自己所生产的货物名称、性能基本相同，且使用本企业注册商标的货物，或配套货物，同样可享受"免、抵、退"税。

4.8.3　退税额度的计算方法

某出口企业出口一批纺织品，每包120元人民币（含增值税），共20 000包，增值税税率为17%，该纺织品的出口退税税率为15%。

问：该企业出口这批纺织品的退税额有多少？

分析：出口退税税额=120×20 000÷（1+17%）×15%=30.77（万元人民币）

通过计算，该企业出口该批纺织品的退税额有30.77万元人民币。

在我国，出口退税的税额通常是按照收购成本（不含税）来计算的，如果出口商的出口产品已包含增值税，则必须先扣除其中的增值税部分，然后再计算出口退税额。

具体公式如下：

不含税价格=含税价格/（1+增值税率）

出口退税额=不含税价格×出口商品退税税率

4.8.4　我国对出口企业退税资格的认定

出口企业在货物出口离境后，可凭有关单证办理出口退税。那么，哪类企业才具有退税申请的资格呢？根据《中华人民共和国对外贸易法》和商务部《对外贸易经营者备案登记办法》的规定，只有以下3类企业才具有申报退税的资格，分别如图4-14所示。

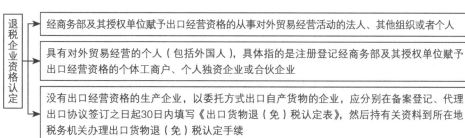

图4-14　退税企业资格认定范围

具备了申请资格，还需要实时向税务机关提出申请，经审核合格后才可实现退税。换句话说，退税企业需要提供若干所需的材料，供税务机关进行审核。按规定，税务机关会对申报企业上报的资料严格审核。只有凭证齐全的，税务机关才会受理该笔出口货物退（免）税申报；而凭证不齐全的，除另有规定外，税务机关不予受理。

（1）上报的材料

上报材料如表4-2所列。

表4-2　退税申报所需的材料

编号	材料名称
1	出口报关单
2	出口销售发票
3	增值税专用发票
4	结汇水单或收汇通知书
5	属于生产企业直接出口或委托出口自制产品
6	进口料件的合同（限于做进料加工复出口的企业）
7	"税收（出口货物专用）缴款书"或"出口货物完税分割单"
8	收汇核销单
9	与出口退税有关的其他材料

（2）填写出口货物退（免）税申报表

出口商在规定期限内，使用国家税务总局认可的出口货物退（免）税电子申报系统，将退（免）税所需的有关单证生成电子申报数据，然后将这些数据按照规定填报退税申请表。

在规定的期限内，依照申报表向税务机关办理手续，逾期申报的税务机关不再受理。

已办理出口货物退（免）税认定，但部分资料没通过审核，需要补交材料的必须自有关管理机关批准变更之日起，在一个月之内，持相关证件向税务机关申请办理出口货物退（免）税认定变更手续。

第5章

树立品牌影响力

在品牌作用凸显的今天，品牌意识已经深入人心。人们在购买一款产品时会查看其名称、包装及其所属品牌。可见在很大程度上，品牌已经代表了一种质量和服务。随着人们对品牌的影响力越来越重视的情况下，让产品走出国门之前应该在命名、包装、品质等多个方面做好准备。

5.1 出口商品的命名

商品的名称是企业品牌的主要组成部分，直接影响着企业在国际市场的品牌影响力和知名度。外贸企业面向的是国际市场，由于全球各个国家和地区有着不同需求，不同消费习惯的客户。要想引起对方的注意，给对方留有深刻的影响，首先必须要拥有一个好的名称。

5.1.1 命名的原则

产品命名的根本目的在于使多款产品间能很好地区别开，使消费者容易认准牌号购买。尤其是对于出口商品，面对的是国外客户，当大多数人不熟悉中国品牌，或者对中文品牌无法全方位、透彻地进行理解时，最基本的要求就是简洁、易记、便于推广，便于客户理解。

> **案例分析**
>
> 　　如今索尼闻名全球，可有多少人知道这也是改名的结果。索尼，本是日本一个株式会社的小公司——Tortsuko（东京通信工业），1958年之前都叫这个名字。当时在日本国内发展得已经很好，但后来决定进军美国，打开国际市场，创始人盛田昭夫开始准备需求改变，他认为Tortsuko这个名字既不好读，也不容易识记。
>
> 　　然而，令他没想到的是，改变产品名字的建议却遭来公司高层的极力反对，因为名字一换就意味着失去多年积累起来的品牌影响力。
>
> 　　"这样做的风险太大了，很有可能使东京通信10年来在国内建立起来的信誉一扫而光，你考虑过没有？"
>
> 　　"如果有可能，这些牺牲也是有必要的，当前最重要的就是如何更好地适应国际市场。据美国分公司反馈过来的信息，我们的产品很难打开美国市场，我认为名字不够响亮就是一个重要原因。"盛田昭夫义正词严地说道。
>
> 　　反对者："你打算做这种毫无意义的改变，到底是什么意思？！"
>
> 　　盛田昭夫："为了使公司产品销往世界各地，为了改变日本产品在世界市场上的品质低劣的形象。"

反对者："那为什么必须这样做呢？"

盛田昭夫："当今世界范围内，最有影响力的两种语言是拉丁文和英文，'Sony'这个词两者兼具，拉丁文为'音'；英语为'可爱的孩子'，这样一来更便于欧美客户的识别，同时也符合大多人的心理需求，更容易被接受。"

盛田昭夫最终顶住了内外重重压力，决定采取这一措施。事实证明，修改名字后，索尼产品果然打开了国际市场。据说，索尼公司当时用37美元买进上海产的收录机，贴上自己的商标，就可卖80多美元/台，可见品牌的力量很大。

盛田稻夫为什么要力排众议为产品改名，最主要的一点就是"Sony"比日文Tortsuko更便于在海外市场，尤其是美国和英语为主的国家推广，更容易被海外市场的消费者接受。

再一个是要研究消费者的喜好和禁忌，出口商品的命名必须了解消费者所在国家和地区的习俗，切勿犯忌。如我国曾有"山羊"牌闹钟，出口到英国遭到冷遇，尽管价廉物美，却无人问津，因为山羊在英国是被喻为"不正经的男子"。还有"芳芳"牙膏，在英语中的意思是"毒蛇"和"狼牙"，恐怕这种牌名的产品在欧美市场也不会有好的销路。

案例分析

在香港曾经发生过一起名牌白酒销售大战，法国产的"白兰地"和英国产的"威士忌"为争夺香港市场展开了激烈的竞争。最终"白兰地"以极大的优势占领了市场，售出四百万瓶，而"威士忌"却只售出十万余瓶，连前者的零头都不到。

威士忌多年来享誉欧美市场，论品牌，论质量，"威士忌"并不比"白兰地"差，可为什么在香港被白兰地打得一败涂地呢？

原来最关键的问题就出在"威士忌"这个名称上。中文译为"威士忌"，"忌"在中国文化中是一个不吉利的字眼，连威士都惧怕，谁还敢买？而"白兰地"这个名称，听起来充满诗情画意、令人喜欢。虽然这带有强烈的主观意愿，但是这也充分说明一个问题，商品的名称的确会影响到消费者的购买心理。

威士忌和白兰地之争从某种程度上讲，与当地的文化习俗、消费习惯有关，这一点对于外贸来讲更为重要。因为外贸产品直接面对的就是全世界各个国家的客户，每个国家和地区都有自己独特的消费心理和习俗，你的产品能否在当地受到欢迎，产品的名称首当其冲。

很多企业都非常重视产品的名称，比如，美国的美孚石油公司，为了改一个好名不惜花费上亿美元；饮料行业的龙头老大"可口可乐"，仅商标价值就高达30亿美元，占到公司财产总和的25%。现在，在美国还有很多专门为商品取名的机构，他们利用电脑，把26个英文字母搭配成各种名称。

有些品牌著称于世界，如克宁奶粉（Klim）、柯达（Kodak）等。

产品名称，不只是一个简单的代号，名如其人，好的名称一定要言心言志、寓意深远，既能加深企业自身的形象，又能给客户留下深刻印象。好名称对生意有着重大的影响。其实，有这种想法的人已经充分认识到了名称的影响力，给企业带来了更大的利润。

5.1.2 如何展现命名

从上节可知，在外贸商品中名称的重要性，是企业打开国际市场的一把钥匙。因此，如何给商品命名就显得异常重要，那么，对于外贸企业或生产厂家来讲，如何定位自己的商品，给自己的商品贴上各项标签呢？

应遵循以下原则。

（1）用字要规范

商品名称用字要规范，因为这是名称最直接的表现方式，直接决定着客户对产品名称的认识。

首先，汉字要与英文名称（或者出口国文字）保持一致，如果没有相应的英文，则可音译或者用汉语拼音代替，如：中兴通信股份有限公司，中文中兴通信，英文ZTE。在书写上，汉语拼音应当小于中文。

（2）与商品标识结合起来

商品标识是一个产品区别于其他商品的标志，通常用文字、图案来表示。

在书写上，要用规范中文汉字，外文可以使用汉语拼音或者英文字母。

（3）设计上有创意，新颖

商品标识和名称应该按照国家标准、行业标准的有关规定申请、设计，比如统一的字体、标准的颜色、标准的大小，以区别于同类企业或商品。

5.1.3　名称不一致卖方承担责任

国际《公约》中也明确规定，卖方卖什么？买方买什么？必须有明确的描述。若卖方交付货物不符合约定的品名或说明，买方有权提出损害赔偿要求，直至拒收货物或撤销合同。

案例分析

> 我国某食品进出口公司向西班牙出口苹果酒一批，英文名字是"Cider"。但国外客户开来的信用证上登记的货物名为"Apple Wine"，我方有关人员发现后没有及时地通知对方改正，而是在所有单据上均填写为"Cider"。不料，货到客户那儿遭西班牙海关扣留并罚款，为此对方要求我方赔偿其罚款损失。

这个事件由于我方人员的大意，将产品的名称写错，按照合同规定应对此负全部责任。作为卖方应该明确货物的名称。如对方来证货名与实际不符，则要及时要求对方改正，或用括号标注明原名称。如只考虑单证相符而置货物的名称于不顾，甚至自己更改单据上货物的英文名称，势必给对方在办理进口报关时造成严重后果。

外贸商品因为需要销往国外，在名称上常常出现不一致的情况，因此，在发货时应该注意仔细核对，如有异议及时沟通，以避免引起对方的误解。下面就来了解一下，填写商品名称时的注意事项，如图5-1所示。

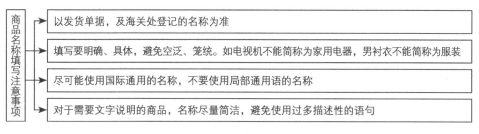

图5-1　商品名称填写注意事项

5.2 出口商品的包装

商品包装是指，用一定的技术、方法采用容器、材料及辅助对商品进行包装的行为，这种行为往往具有美化的作用。包装做得好可大大促进宣传、促销，激发消费者的购买兴趣。对外贸商品而言，包装还有保护的作用，由于往往会受到运输方式、运输工具的影响，对其进行包装是非常有必要的。

5.2.1 外贸品必须进行包装

在当前国际市场竞争十分激烈的情况下，许多国家都把改进包装作为加强对外竞销的重要手段之一。因为，良好的包装，不仅可以保护商品，而且还能宣传美化商品，提高商品身价，吸引顾客、扩大销路、增加售价，并在一定程度上显示出口国家的科技、文化艺术水平。按照《联合国国际货物销售合同公约》第35条规定，卖方交付的货物必须与合同所规定的数量、质量和规格相符，按照合同规定的方式装箱或包装。

经过适当包装的商品，不仅便于运输、装卸、搬运、储存、保管、清点、陈列和携带，而且不易丢失或被盗，为各方面都提供了便利。

商品包装包括两方面意思：一方面是指盛装商品的容器而言，通常称作包装物，如箱、袋、筐、桶、瓶等；另一方面是指包扎商品的过程，如装箱、打包等。商品包装的基本作用有：保护商品，方便运输，促进销售，提高商品价值和使用价值。

按照规定，如卖方交付的货物没包装，或未按约定进行包装，或包装不符合要求，买方有权拒收。如果货物虽按约定包装，但与其他货物混杂，买方也可以拒收违反约定包装的那部分货物，甚至可以全部拒收整批货物。

案例分析

出口公司W向芬兰客户出口杏脯1.5公吨规定纸箱装，每箱15千克，15小盒，每小盒1千克。交货时，由于此种包装的货物短缺，于是我方

> 将小包装更之为每箱仍为15千克，但内装30小盒，每小盒0.5千克。货
> 到目的港后，对方以包装不符合约定为由拒绝收货。我方则认为数量完
> 全相符，要求买方付款。
>
> 这个案例中责任在谁？应如何处理？

责任在W方。在《公约》中规定卖方交付的货物必须与合同规定的数量、质量和规格相符，并须按照合同所规定的方式装箱或包装。显然W违反了合同中的包装条款，我方应立即主动向对方道歉，以求得买方的谅解，必要时，可能还要负担买方更换包装的费用。

5.2.2　包装的类型

按包装的作用分类，可分为销售包装和运输包装。

（1）销售包装

销售包装又称内包装或小包装，是直接接触商品并随商品进入零售网点和消费者或用户直接见面的包装。

常见的销售包装有以下8种，如表5-1所列。

表5-1　外贸商品销售包装的形式

类型	内容
便携式包装	该包装上有提手装置设计或附有携带包装，方便消费者携带，如5千克装的大米袋等
挂式包装	该包装采用挂钩、网袋、吊袋设计，便于商品的悬挂、陈列和展销等
易开包装	该包装多为带有手拉盖等设计的易拉罐、易开瓶和易开盒等，如啤酒罐、罐头等
喷雾包装	该包装上带有自助喷出和关闭的装置，对液体商品较适合，方便消费者使用，如香水、灭蚊水等
堆叠式包装	采用包装的上边盖部和底部能吻合的造型设计以便商品堆叠陈列，节省包装
配套包装	该包装将有关联的不同规格品种的商品搭配成套，如成套茶具包装盒等
复用包装	除用作商品包装外，还可以提供消费者观赏、再使用等其他用途的包装
礼品包装	该包装设计精美，专为送礼的包装，如名贵表、名贵酒等

（2）运输包装

运输包装是指为了方便运输，保护商品而设计的包装，它具有保护产品安全、方便储存、运输、装卸等作用。运输包装一般可根据包装方式、包装材料和包装层次分类，如表5-2所列。

表5-2　外贸商品运输包装的形式

类型	内容
按包装方式分类	可分为单件运输包装和集合运输包装。单件运输包装主要有箱（纸箱、木箱）、桶（木桶、铁桶）、袋（纸袋、麻袋）、包等，集合运输包装主要有托盘、集装袋、集装箱等
按包装的材料分类	可分为纸制包装、金属包装、塑料包装、木制包装、玻璃包装、陶瓷包装、复合材料包装等
按包装层次分类	可分为外包装、中包装和小包装。如香烟、节能灯等的包装

5.2.3　销售包装

销售包装的主要目的是为了便于陈列展销、便于识别商品、便于携带和使用，以及促进销售，增加销量。

为了达到以上目的，销售包装应该通常包括3个方面的内容，如图5-2所示。

（1）文字说明

在销售包装上应有必要的文字说明，如商标、品名、产地、数量、规格、成分、用途和使用方法等。文字说明要同画面紧密结合，互相衬托，彼此补充，以达到宣传和促销目的。

使用的文字必须简明扼要，便于顾客看懂和理解，必要时也可以中、外文同时使用。同时，在销售包装上使用文字说明或制作标签时，还应注意有关国家的标签管理条件的规定。

（2）包装画面

销售包装的画面要美观大方，富有艺术上的吸引力，并突出商品特点，图案和色彩应适应有关国家的民族习惯和爱好。在设计画面时，应投其所好，以利扩大。

（3）条形码

（a）

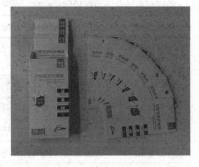

（b）

图5-2　销售包装内容示意图

商品包装上的条形码是由一组带有数字的黑白及粗细间隔不等的平行条纹所组成的，这是利用光电扫描阅读设备为计算机输入数据提供的特殊代码语言。

5.2.4 运输包装

运输包装多是为便于运输，在销售包装的基础上进行再包装，或者在包装表层印上标有图形、代号、字母，以提醒操作人员装卸、运输和保管货物的标志。按性能划分，运输包装标志可以分为运输标志、指示性标志和警告性标志。

（1）运输标志

运输标志（shipping marks）又称唛头，是指书写、压印或刷制在外包装上的图形、文字和数字。

运输标志通常由一个简单的几何图形、字母、数字及简练的文字组成，主要内容包括：①品名、件号、批号；②收、发货人代号；③目的地等，如图5-3所示。

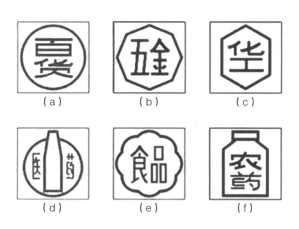

图5-3　部分运输标志示意图

（2）指示性标志

指示性标志（indicative marks）是指对容易破碎、残损、变质的货物，通过标志提示其在装卸、运输和保管货物的过程中需要注意的事项，如"向上""怕热""怕湿"等，如图5-4所示。指示性标志一般不需要在合同中规定，由卖方根据货物的实际要求自行刷制包装。

图5-4　部分指示性标志示意图

（3）警告性标志

警告性标志又称危险品标志，是指在易燃品、爆炸品、有毒品、腐蚀性物品、放射性物品的运输包装上表明其危险性质的文字或图形说明，如图5-5所示。

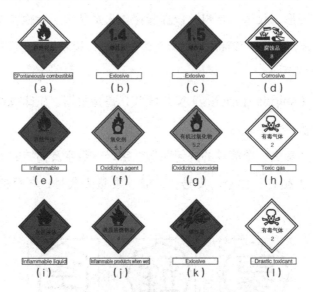

图5-5　部分警告性标志示意图

5.2.5　拟定包装注意事项

在拟定包装时，需要注意以下内容。

（1）考虑到货物的特点和运输方式

货物的包装必须考虑到其特点和要求，比如，防压、抗冲击力、防霉、防锈等，根据这些要求做相应的防护处理。

有些国家对进出口货物的包装有专门的规定，如美国、澳大利亚、新西兰、菲律宾等国家禁止使用稻草、麦秆做包装材料或填充物，德国禁止以木板作为进口商品包装箱等；沙特阿拉伯的进口建材，如卫生浴具设备、瓷砖、浴室设备、木制家具等必须先装托盘且每个托盘质量不得超过2吨，然后再装入海运集装箱。

不同的运输方式（如飞机、火车、轮船等），对所载货物的规格、重量等要求不同。且大多数都有明确的规定，超过规定的必须加收附加费，超过太多的甚至无法装运。如UPS规定，任何最长边缘的长度超过152cm或次长边缘超过76cm的包裹，任何单件实际重量超过32kg的包裹均向托运人收取RMB 40元／件的附加费。

案例分析

> 广东潮州某卫浴公司向美国出口一批陶瓷座厕。由于是第一次向美国出口该类产品，包装时采用了稻草作为衬垫物以保护陶瓷座厕。货物到达美国后，美国海关发现该货物的衬垫物用稻草，当即责令提货商将包装所用稻草就地烧毁，重新包装。美商要求我方公司赔付烧草费和重新包装费。
>
> 上述例子美商的要求合理吗？

合理。因为在美国有相关规定，进口商品不得以稻草、麦秆作包装材料或填充物，这项规定已实施了20多年，所有出口到美国的商品都不能采用稻草包装材料。我出口公司由于初次出口，未了解相关要求，违反了规定，责任在我方，因而美商要求我公司赔付烧草费和重新包装费是合理的。

（2）包装的要求要明确具体

包装条款中经常出现诸如习惯包装（customary packing）、适合海运包装（sea—Ⅵ：packing）或卖方惯用包装（seller's usual packing）之类的术语，为了避免引起误解，包装条款应明确规定具体的要求，交货时卖方不能随意更改包装方式、包装材料和每个包装所含商品的数量或重量。

（3）包装费用要明确由谁负担

包装费用一般包括在货价之内，不另行计收，若买方对包装有特殊要求，应明确包装材料由谁供应和包装费用由谁负担。

5.3 确定商品的规格

在国际贸易合同中，商品的数量、重量等规格是合同的主要内容之一，通常都有明确规定，不能多也不能少，更不能擅自改变。如果在交货时与合同规定的规格不符，出口商不但要承担一定的责任，而且可能因不遵守合同规定而致使对方退货。

5.3.1 了解进货数量

在对外业务中，商品的数量、重量等规格必须严格按照双方约定进行，客户需要多少就供应多少。《公约》第52条规定，卖方违反合同数量条款，卖方需承担相应的责任。如果交货数量少于约定的数量，卖方应在规定的交货期届满前补交，但不得使买方遭受不合理的不便或承担不合理的开支；而如果交货数量多于合同规定，买方可以收取也可以拒收，如果买方收取多交部分货物的全部或一部分，那对买家来说会增加成本，如果拒收多交部分，那对卖方来说则是巨大损失。

案例分析

我国西安某工商贸易公司从意大利某公司进口一批30万吨化学肥料，以CIF交易方式至厦门，单价为169元／吨，允许溢装10%。而货到达目的港后，发现卖方共装运了40万吨，比合同规定多交10万吨。按《公约》规定，我方可以拒收多交的10万吨，也可以收取多交的10万吨，如果拒收，因此而发生的费用由卖方全部承担；如果接受则按合同价付款。

由此可见，向客户供应产品，必须了解客户的实际需求，当对客户需求有了一定的了解，你就可以锁定商品的种类和数量。

5.3.2 准确制定商品数量

那么如何来更精确地确定商品的数量呢？

（1）根据商品的类型

经营品种相对较少，单价比较昂贵的产品，就应该集中选择一种或两种，并且以提供样品的形式进货。在向外推广时也要向客户说明，可先订货后成交等。如果所经营的商品是样式较多，价格较便宜的日常用品，种类、数量越多越好。

当单个产品进货量大时，可要求批发商给予更低的批发价格折扣。同时也要合理分配控制数量。如将单个商品种类的数目细分为陈列数目、库存数目和周转数目。从有多年经营经验的经营者得出的结论来看，每个单品起码要有5个月才够维持一个非常良性的商品周转。

（2）调查市场，综合考虑

商品进货数量多或少，还需要综合多个方面而定。比如，调查进货市场、销往地的市场等。对即将开拓的市场进行调查分析，然后在此基础上对相关产品进行定位，或细分，而且要做专、做深、做透。

以中东地区为例，中东市场是一个以订货和现货交易为主的地区，大部分中东客户在进行贸易前通常以看样订货为主，只要对样货满意，即可商定价格，商谈交易。因此，与中东客人交易一般只需要提供少量的样品，双方谈拢之后再按需提供。

但在中东的迪拜则是另外一个交易方式，最大的特点是以批发为主，求购数量巨大（产品以中低价为主，质量为中等要求），订货贸易和现货交易形式同时进行。所以在与迪拜客人做交易时需要直接提供大量商品，这也决定了供货方需要有大量的货物储备。

迪拜为什么与中东大部分的交易方式差异如此之大？这与这里的贸易大多为转口贸易有关，迪拜作为中东地区最大的贸易市场，覆盖了非洲以及大部分海湾国家，贸易覆盖人口也非常多，在这里云集了全世界120多个国家和地区的客商，因此，交易方式以批发为主，以再次转口交易到其他国家和地区。

5.3.3 准确制定商品重量

由于各国使用的度量衡制度不同，计量单位也不相同，在衡量出口商品的重量时可能会出现一些差异。为避免这些差异影响到货物的供应，作为出口商必须熟悉客户方国家和地区常用的度量衡制度及计重方法。

（1）熟悉国际贸易常用的计重单位

国际贸易中因为世界各国的度量衡制度不同，以致造成同一计量单位所表示的数量也不一样。通常有4种，如表5-3所列。

表5-3　国际贸易常用的计量单位

类型	内容
公制（或米制） （metric system）	18世纪最早开始在法国使用，是十进位制，因公制长度的基本计量单位是"米"，所以公制又称"米制"
国际单位制 （international system of units）	这种单位制是由国际计量委员会创立，其基本单位包括米（m）、千克（kg）、秒（s）、安培（A）、开尔文（K）、坎德拉（cd）和摩尔（mol）七个，分别用来度量长度、质量、时间、电流、热力学温度、发光强度和物质的量
英制 （british system）	按照英国规格计算的一种重量单位。英制不是十进制，由于换算不方便，除少数国家外已经很少使用，逐步被国际单位制及公制取代
美制 （the U.S. system）	按照美国规格计算的一种重量单位，基本单位和英制相同，为磅和码，但有个别派生单位不一致。如英制为长吨等于2240磅，而美制为短吨等于2000磅。此外容积单位加仑和蒲式耳，英美制名称相同，大小不同

根据《中华人民共和国计量法》规定："国家采用国际单位制。国际单位制计量单位和国家选定的其他计量单位，为国家法定计量单位。"目前，除个别特殊领域外，一般不许再使用非法定计量单位。我国出口商品，除照顾对方国家贸易习惯约定采用公制、英制或美制计量单位外，应使用我国的法定计量单位。

我国进口的机器设备和仪器等应要求使用法定计量单位。否则，一般不许进口。如确有特殊需要，也必须经有关标准计量管理部门批准。

图5-6为我国现行的法定计重单位原则的主要内容。

我国现行的法定计重单位制是在国际单位制的基础上，增加些非国际单位制元素而成的。在使用时要遵循以下 7个原则 ：

→ ① 以国际单位制为基本单位
→ ② 国际单位制的辅助单位
→ ③ 国际单位制中具有专门名称的导出单位
→ ④ 国家选定的非国际单位制单位
→ ⑤ 由以上单位构成的组合形式的单位
→ ⑥ 由词头和以上单位所构成的十进倍数和分数单位
→ ⑦ 其他法定单位的使用办法等由国家计量局另行规定

图5-6　我国现行的法定计重单位原则

（2）熟悉常见的计重方法

上述不同的度量衡制度导致同一计量单位所表示的数量也有差异。例如，就表示重量的吨而言，实行公制的国家一般采用公吨，每公吨为1000公斤；实行英制的国家一般采用长吨，每长吨为1016公斤；实行美制的国家一般采用短吨，每短吨为907公斤。此外，有些国家对某些商品还规定使用自己习惯的或法定的计量单位。

因此，在国际贸易中，按重量计量的商品很多，根据一般习惯，通常计算重量的方法有下列5种：

① 毛重（gross weight）：商品本身的重量加包装物的重量。这种计重办法一般适用于低值商品。

② 净重（net weight）：商品本身的重量，即除去包装物后的商品实际重量。净重是国际贸易中最常见的计重办法。不过，有些价值较低的农产品或其他商品，有时也采用以毛重（gross for net）的方法计重。

图5-7为计算货物重量常用的方法。

在采用净重计重时，对于如何计算货物重量，国际上通用的有下列 4种做法：

→ ①按实际皮重（actual tare or real tare）计算
→ ②按平均皮重（average tare）计算
→ ③按习惯皮重（customary tare）计算
→ ④按约定皮重（computed weight）计算

图5-7　计算货物重量常用的方法

③ 公量（conditioned weight）：有些商品，如棉花、羊毛、生丝等有比较强的吸湿性，所含的水分受客观环境的影响较大，其重量也就很不稳定。为了准确计算这类商品的重量，国际上通常采用按公量计算，其计算方法是以商品的干净重（即烘去商品水分后的重量）加上国际公定回潮率与干净重的乘积所得出的重量，即为公量。

④ 理论重量（theoretical weight）：对于一些按固定规格生产和买卖的商品，只要其重量一致，或每件重量大体是相同的，一般即可从其件数推算出总量。

⑤ 法定重量（legal weight）和实物净重（net weight）：按照一些国家海关法的规定，在征收从量税时，商品的重量是以法定重量计算的。所谓法定重量是商品加上直接接触商品的包装物料，如销售包装等的重量，而除去这部分重量所表示出来的纯商品的重量，则称为实物净重。

综上所述，出口货物重量大小与很多因素有关，在进出货之前一定要综合衡量，权衡利弊。但是，也不是指方方面面平均开来去考虑，而是要有所侧重。把影响进货问题最重要的因素提炼出来，制定出有针对性的策略。

5.4 保证商品品质

一个商品最终能否被客户所接受，最重要的一点就是让客户认识到商品的品质优良与否，价值有多大。品质越好，价值越大，越容易被客户接受和认可。而商品品质（quality of goods）决定着一个商品的市场价值和使用价值。所谓的商品品质，指的是商品内在价值和外观形态的综合反映。

5.4.1 商品品质的组成及作用

商品品质由内在价值与外在形态组成，内在价值与外在形态共同构成了商品的品质。内在价值又包括商品的功能和性能，包括物理性能、化学性能、组成成分以及特征等，是商品固有的自然属性；外在形态则包括商品的外形、色泽、款式和透明度等。

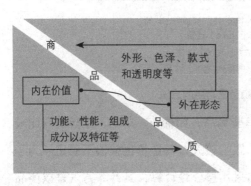

图5-8　商品品质内、外组成部分

商品品质的组成部分，如图5-8所示。

品质是决定商品使用效能的重要因素，不同品质的商品具有不同的使用价值，可满足不同的需求。商品的品质还是决定商品销售价格的关键性因素，不同的品质对应了不同的价格。

国际贸易合同中的品质条款是构成商品说明的重要组成部分，是买卖双方交接货物的依据。在国际贸易中，买卖双方都要针对一定的商品按质论价，在市场竞争十分激烈的情况下，商品品质起着非常重要的作用，具体如图5-9所示。

商品品质在某种意义上是决定胜败的一个关键因素。因此，采用适当的方法确定商品品质就显得很重要。

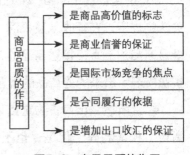

图5-9　商品品质的作用

如农产品中的水分、瘦肉率、含油量、破碎率、纤维长度和农药残存率等。在国际贸易中，往往是按照每种商品的不同特点，选择一定的质量指标来表示不同商品的品质。在实际业务中，经常使用的规格、等级、标准等都属于商品品质的范畴。

5.4.2　判断商品品质的途径

那么在面对鱼目混珠的市场、琳琅满目的商品时，用什么途径来监测、判断商品的品质呢？

根据《公约》的规定，在对外贸易中，商品品质有很多表示方法。通常可以按照该商品的性质、特点及在国际贸易中的习惯来表示。

在实际贸易中，有很多由于判断标准不同，而导致商品品质出现差异的情况。

案例分析

> 　　我国某机器设备贸易公司以CIF条件向新加坡B公司出口一批医疗设备。合同中的品质条款规定：杂质不能超过3%。为确认货物的品质，在成交前我方公司还曾向对方寄送样品，中国商品检验检疫局签发了合格证书。不料，货物到达新加坡后，B公司出具了所交货物平均纯度比样品高出3.2%的检验证明，并向我方公司提出索赔6000英镑。
>
> 　　我方认为，按照以所交货物符合合同规格，而且合同中没有规定凭样品交货为理由拒绝了对方的要求。于是，对方请求中国国际贸易促进委员会协助解决此案。最终由于我方公司已将留存的样品遗失，自己的陈述无法加以证明，不得不赔付一笔差价而结案。

本案中双方争执的焦点在于判断标准不同，从合同规定来看，是按样品抽查纯度，而实际上他们是随机抽查，采用平均值的形式去判断，从而导致了实际数据比原先数据高。这种情况有利于我方，因为事实上并没有明确规定采用什么方式去检验。

这也为出口商提了个醒，在合同中一定要明确提出是以什么样的商品品质表示方法来销售。如果是按实物买卖，样品只是一个参照物，即使出现质量问题也有补偿的余地。

那么，通过哪些途径来判断商品的品质呢？总的来说可以有两种方法：

（1）按照样品进行

这种表示方法，指的是在供货前向客户展示部分实际货物——样品，反映出货物的品质。由于该方式是在现场进行，更能直接反映出商品的品质。这种方式一般适用于寄售、拍卖、展卖等贸易中，比如，新产品推广、珠宝、字画等商品的买卖。

按照样品买卖也是国际贸易中常见的一种交易方式。这种方式是指以样品来体现商品的品质，并以此作为交货依据来买卖。比如，出口陶瓷、服装、儿童玩具、工艺品、食品等产品，多采用样品来表示其品质。

（2）按照说明书进行

这种表示方式指的是，向客户出示商品的规格、等级、图样、文字等，让客户通过实物以外的方式来了解商品的品质，以说明表示商品的品质一般可分为5种，分别如图5-10所示。

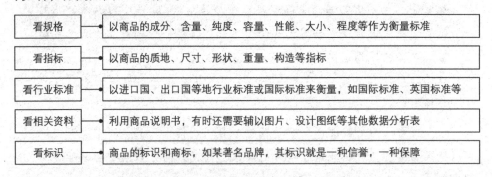

看规格	→	以商品的成分、含量、纯度、容量、性能、大小、程度等作为衡量标准
看指标	→	以商品的质地、尺寸、形状、重量、构造等指标
看行业标准	→	以进口国、出口国等地行业标准或国际标准来衡量，如国际标准、英国标准等
看相关资料	→	利用商品说明书，有时还需要辅以图片、设计图纸等其他数据分析表
看标识	→	商品的标识和商标，如某著名品牌，其标识就是一种信誉，一种保障

图5-10　按照说明书进行商品品质的判断标准

5.4.3　商品品质的检测

我国深圳某粮油进出口公司以CIF的形式从美国进口一批重达2000吨的大豆合同。合同中的品质条款明确规定，蛋白质含量不得低于34.5%，当货到深圳盐田后，在出入境检验检疫局抽样调查中，发现该批大豆的蛋白质含量只有30.3%，低于合同规定标准。但是美方出示有关证据，表明大豆的确合乎标准。

原来，美方是在大豆干态的情况下进行测量的，检验的蛋白质含量不低于

34.5%。而我国出入境检验检疫局是在大豆湿态的状况下检验的，所以出现两种不同的数据。而在合同中，没有说明是采用干态检测还是湿态检测，因此外商趁机以次充好。

了解到这种情况之后，我方向外商提出索赔，因为按照国际标准，对大豆的蛋白质测验都是在湿态下进行的。

可见，在进出口贸易中，必须对外贸商品进行检测，了解商品的品质状况。

5.5 核算出口成本

出口成本，指的是自生产部门或供货单位接单开始到将货物交付买方手中，这一过程中各个环节所产生的人力、物力、费用以及其他开支的总称。此外，还包括很多附加费，货物运至口岸，管理、包装以及交到装运地点的码头、机场或车站所发生的一切费用等。

5.5.1 出口商品成本与费用

在对外业务中，商品的出口成本越低，企业得到的利润就越多；反之，所获得的利润越少。当前，高昂外贸商品出口成本和费用已经给很多外贸企业带来了巨大的压力，尤其是环节繁杂，各种隐形费用的增加，对外贸企业经营者来说是一项重大的开支。如何来控制高昂的出口商品成本，是每一个经营者今后面对的一大难题。出口商品成本主要包括成本和费用两大部分，我们先来了解一下出口商品成本包括哪些，如表5-4所列。

表5-4　出口成本与费用

类型		内容
成本 （cost）	生产成本	企业生产某一产品所投入的成本
	加工成本	对成品或半成品进行加工，装配所需的成本
	采购成本	贸易商向供应商（制造企业、加工企业等）采购商品的价格，也称为进货价格

新手学外贸从入门到精通

类型	内容
包装费 （packing charges）	这项费用通常包含在采购成本中，但如果客户有特殊要求，由此而产生的附加费用为附加的包装费，应另外计算
仓储费 （warehousing charges）	出口商品在出口发运之前，存储在存仓而产生的费用
国内运输费 （inland transport charges）	货物在装运前所产生的内陆运输费用，通常包含卡车运输费、内河运输费、路桥费、过境费、装卸费等
认证费 （certification charges）	出口商办理许可证、配额、产地证明以及其他证明所支付的费用
港区港杂 （port charges）	出口货物在装运前在港区码头所需支付的各种费用
商检费 （inspection charges）	出口商品检验机构根据国家有关规定或出口商的请求对货物进行检验所发生的费用
捐税 （duties and taxes）	国家对出口商品征收、代收或退还有关税费，通常有出口关税、增值税
垫款利息 （interest）	出口商自国内采购至收到国外进口商付款期间因产生或购买出口商品垫付资金所产生的利息
业务费用 （operating charges）	出口商在经营中产生的相关费用。例如：通信费、交通费、交际费等
银行费用 （banking charges）	出口商委托银行向国外客户收取货款，进行资信调查等业务所支出的费用
出口运费 （freight charges）	货物出口时支付的海运、陆运或空运费用
保险费 （insurance premium）	出口商向保险公司投保货物运输保险或者出口信用险等所支付的费用
佣金（commission）	出口商为了出口商品向中间商所支付的报酬

(费用 expense/charges 为左侧合并单元格标签)

在出口商品成本构成中，进货价款是主要因素，它受生产或供货单位影响。要降低进货价款，就应加强外贸单位同生产或供货单位的联系，从多家生产或供应同种商品单位中，选择提供质优价廉的商品单位。其余各项都由外贸出口单位直接开支，要降低这部分支出，则要求外贸单位改善企业的经营管理水平，节约不必要开支，才能使出口商品总成本下降，提高出口经济效益。

此外，审查、商检等环节也包含了巨大的隐形成本，因为繁多的出口审查环节、商检等环节持续时间之长、费用之高。商检对于不同企业应当区别对待，进行分类管理，对于一些信用较高的企业可以相对简化质检程序，国家质检费用也应有所减免，让利企业。这一切都给他们带来了巨大的出口隐性成本，正如天津某外贸企业负责人表示，相对于国家通过"出口退税"等政策调整对企业进行的明补来说，降低隐性成本进行暗补或许效用更大。

5.5.2 出口商品成本的计算方式

外贸企业出口商品成本，是以对外合同成交价格为基础，以离岸价、到岸价或其他价格成交为准的一种计算方法。按照国际惯例，无论离岸价、到岸价还是其他价格，都均一律按照合同价格记账。也就是说，在计算外贸商品成本时应把对外合同价格作为进口商品成本核算的统一口径。

出口商品成本的计算公式为：出口商品成本=出口商品购进价值+国内运费+加工整理费+包装费+经营管理费+杂费+商品损耗+税收。式中的每一个因素都会影响到出口商品的成本，缺一不可，下面就来具体了解一下这些因素的意义：

① 出口商品购进价值，就是用收购出口商品的数量乘其购进单价计算。工业产品进货价款就是交给进出口公司的产品出厂价格，农副土特产品购价款，由收购价格、收购单位手续费、收购单位利润、其他费用所构成。

② 国内运费。是指从出口商品购进地点运至出口装运地点的码头、机场或车站，所发生的一切运输费用。

③ 加工整理费。是指对出口商品进行挑选、加工、整理所发生的一切费用。

④ 包装费。是指对出口商品进行包装所发生的费用。

⑤ 经营管理费。是指在经营出口商品过程中所发生的管理费用。如工资、办公费等。

⑥ 杂费。是指除以上各项费用之外所发生的费用。

⑦ 商品损耗。是指在运输和保管过程中所损耗的商品。商品损耗应摊入出口商品的出口成本。

⑧ 税收。是指按照国家规定向税务部门交纳的有关税金。

5.5.3 衡量出口成本的两个指标

（1）出口商品换汇成本（换汇率）

该指标指的是，出口商品每取得一美元的外汇净收入所耗费的人民币成本

（出口外汇净收入指的是扣除运费和保险费后的FOB外汇净收入）。其计算公式为：出口换汇成本=出口总成本（人民币元）/出口外汇净收入（美元）。换汇成本越低，出口的经济效益越好。

出口总成本指的是，商品在出口前后的进货（或生产）环节的成本，以及产生的国内费用及税金。国内费用通常包括储运、管理费用，预期利润等，这部分费用通常以定额率来表示。

案例分析

某商品在国内的造价为人民币8000元，加工费1000元，流通费500元，税金100元，出口销售外汇净收入为1100美元，则：

出口总成本＝8000＋1000＋500＋100＝9600（人民币元）

换汇成本＝9600元人民币/1100美元＝8.727人民币元/美元

（2）出口商品盈亏率

这个指标衡量的是，出口商品盈亏额在出口总成本中所占的百分比，正值为盈负值为亏。其计算公式为：出口商品盈亏率＝（出口人民币净收入-出口总成本）/出口总成本×100%。其中，出口人民币净收入=FOB出口外汇净收入×银行外汇买入价。

出口商品盈亏额，是指出口商品销售总额产生的净收入（人民币）与出口总成本的差额。值得注意的是，出口销售净收入（人民币）是由该出口商品FOB价格按当时外汇牌价折成人民币；出口总成本是指该商品的进货成本加上出口前的一切费用和税金。当前者大于后者时企业就处于盈利状态，反之，就处于亏损状态。

案例分析

某公司以每公吨1000美元CIF价格出口商品，已知该笔业务每公吨需要支付国际运输费用100美元，保险费率为0.1%，国内商品采购价格为5000元人民币，其他商品管理费为500元人民币，那么，该笔业务的出口商品盈亏率为：

出口成本=5000+500=5500（元）

$$出口净收入（FOB）=CIF-F-I=CIF-F-110\% \times CIF \times 0.1\%$$
$$=1000-100-1.1 \times 1000 \times 0.001=898.9（美元）$$
$$出口人民币净收入=898.9 \times 6.8847=6188.6568（元）$$
$$出口盈亏率=（6188.6568-5500）/5500=12.5\%$$

（注：汇率以中国银行2016年12月公布的信息为依据）

5.6 降低附加价：佣金

佣金（commission），是商业活动中的一种劳务报酬，是具有独立地位和经营资格的中间人在商业活动中为他人提供服务所得到的报酬。在国际贸易当中会产生一定数量的佣金，这些费用是代理人或经纪人为委托人服务而收取的报酬；或者是中间商、代理商在给双方介绍生意，并达成成交之后从中收取一定比例的费用。

5.6.1 佣金的种类

在国际贸易中，佣金是构成商品价格最重要的一部分，影响到实际价格的高低，关系到进、出口双方以及相关第三者的经济收益，甚至直接影响到买卖最终能否完成。因此，佣金是商洽中双方必须明确起来的一种支出费用。

佣金一般是指代理人或经纪人、中间商等，因介绍交易或代买代卖所获得的报酬；而折扣则是指在商品交易中给予对方的价格优惠。佣金是外贸企业或个人在对外贸易中必须承担的一种费用。关于佣金的标准，我国有明确的规定：《反不正当竞争法》第8条第2款做出明确规定，"合法的中间人可以通过合法的服务获得合法的佣金。"《暂行规定》第7条第1款也做了更明确规定，"经营者销售或者购买商品，可以以明示方式给中间人佣金。经营者给中间人佣金的，必须如实入账；中间人接受佣金的，必须如实入账。"

可见，要达到贸易的最终完成，佣金是不可或缺的因素之一。按照支付方式的不同，佣金可以分为以下3种：

（1）明佣

明佣是指在交易中要公开表明的金额，国外客户在支付出口货物时直接扣除的支付方式。明佣需要在买卖合同、信用证或发票等相关单证上明确标明数额，表示方法通常为写在贸易术语后面：如"CIF C5% HONGKONG"。这个"C"就是COMMISSION的简称，佣金的意思。因而出口企业无须另付。

值得注意的是，明佣虽然由国外客户在支付出口货物时直接扣除，而不需要出口企业另付，但在出口销售收入的核算中应单独反映出来，将这部分费用作为冲减销售收入的一部分。举例说明如下：

案例分析

我国某外贸企业向美国汉森公司出口1000件陶瓷，销售总价20000美元，出口佣金按成交价的2%计算。并向银行办理交单结汇，当天外汇美元中间价为7.83元。三个月后收款，此时外汇美元中间价为7.8。则相应的账务处理为：

销售时

按发票金额扣除佣金数的净额计入应收账款，佣金部分冲减销售收入。

借：应收外汇账款——汉森公司（US$19600）	153468
贷：自营出口销售收入	156600
自营出口销售收入——出口佣金	3132

收款时

| 借：银行存款 | 152880 |
| 贷：应收外汇账款——汉森公司（US$19600） | 152880 |

（2）暗佣

暗佣是指，佣金的数额只出现在出口合同中，而不在价格条件、出口发票标明的一种付款方式。暗佣的金额在国际贸易中需要对真正的买主保密，等到卖方（出口商）货款收妥之后，再暗中支付给中间商。根据支付方式的不同，暗佣又分为议付和汇付两种，由于暗佣支付方式不同，所以在处理账务也有不同的区别。

① 议付。

这种付款方式指的是，出口货物结汇时，由银行从货款总额中扣留佣金，并付给国外中间商的一种佣金支付方式。该方式下，出口企业收到的结汇款为扣除佣金后的货款净额。

账务处理：汇付是先收款后付佣，但在确认出口销售收入时应计算暗佣并做冲减销售收入处理。

以刚才所举案例为例：

案例分析

销售时，先按全额计入销售收入及应收款。

借：应收外汇账款——汉森公司（US$20000）　　156600
贷：自营出口销售收入　　　　　　　　　　　　156600

然后计算出暗佣冲减收入

借：自营出口销售收入——出口佣金　　　　　　3132
贷：应付外汇账款——汉森公司（US$400）　　　3132

② 汇付。

这种付款方式指的是，在出口结汇时按货款总额收汇，结汇后另行到银行购买外汇，汇付给国外中间商的佣金支付方式。

案例分析

销售时，先收款后兑换成外汇再支付。

借：银行存款　　　　　　　　　　　　　　　　156000
贷：应收外汇账款——汉森公司（US$20000）　　156000

后付佣

借：应付外汇账款——汉森公司（US$400）　　　3120
贷：银行存款　　　　　　　　　　　　　　　　3120

（3）累计佣金

累计佣金是指，出口企业以某段时期内的累计销售额给国外中间商、代理商一定报酬的支付形式。这种支付方式的好处在于，累计佣金对中间商、销售商具有一定的刺激作用，因累计销售额越大，佣金金额往往也就越高。

在做账务处理时，累计佣金应当计算到销售收入的"销售费用"中去。

5.6.2　外贸佣金的计算

外贸业务中的佣金要计算到冲减销售收入中去，这对任何外贸企业或个人来讲，都是一项重要的开支，尤其是货物量较大时，这笔费用相当惊人，直接关系这笔生意的经济利益大小。为此，每一笔生意之前，都需要算清佣金的金额，以及用何种结算方式等。通常，佣金的计算有以下三种算法。

（1）按成交价格计算

在我国，由于出口交易绝大多数按CIF或CFR价格条款成交，运费、保险费都列入佣金范围之内。为防止佣金支付偏多而导致利润损失，我国目前大多采用按成交价格计算，也就是按发票金额计算。

其计算公式：佣金=成交价格×佣金率

案例分析

> 如某外贸企业出口一批货物，报价为每公吨1000美元，现客户改报CIF C5% MONTREAL，则佣金为50美元/每公吨。即佣金=（1000×5%）=50。

（2）按FOB价格计算

按FOB价格计算，是指运费和保险费均不计算在佣金之内。如果该商品是以CIF或CFR成交的话，则必须将这部分费用从中减去。

案例分析

> 其计算公式为：佣金=（CIF-运费-保险费）×佣金率=CIF×（1-运、保费率）×佣金率。
>
> 或，佣金=（CFR-运费）×佣金率=CFR×（1-保费率）×佣金率
>
> 我们仍以上述业务为例，若运费为发票金额的20%，保险费为发票金额的3%，则每公吨佣金为=1000×（1-20%-3%）×5%=38.5（美元），比按成交价格计算的佣金数减少11.5美元。

（3）累计佣金的计算

这种计算方式分为两种：一种为全额累计计算，一种为超额累计计算。

① 全额累计佣金：按一定时期内推销金额所达到的佣金等级全额计算佣金。

某企业与客户在代理协议中规定，发货分为三个级别，A级100万以下、B级100万～200万元、C级200万元以上，相应地，佣金率也分为三个档次，1%、1.5%、2%。佣金结算方式为，一年累计结付。按全额累计方法结算，最后佣金金额则为=推销额×佣金率。

年末结算，这家销售总额为240万元，则应按C级"2%"佣金率计算，该销售商应付佣金4.8万元（240万元×2%）。

② 超额累计佣金：这种计算方法是，按照各等级的超额部分，分别用该等级的佣金率来计算，然后，再将各级佣金额累加起来，求得累计佣金的总额。

仍以上述业务为例，则该销售商应付佣金：

100×1%+（200-100）×1.5%+（240-200）×2%=3.3万元。比全额累计足足低了1.5万元。

5.6.3　佣金支付时的注意事项

无论是委托代理，还是直接通过中间商推销产品、开发新市场，都需要支付一定的佣金。但是在佣金问题上，很多外贸企业与客户经常发生纠纷，主要原因是在付佣金时忽略了很多细节问题，或者干脆没有坚持履行买卖合同。

在国际贸易中，经常会遇到这样的情形，以下就支付佣金时应注意的相关问题提出3点看法。

（1）佣金支付的额度问题

在外贸业务中该支付多少佣金呢？这是很多人为之困惑的问题。按照国际惯例，每个国家都会设置一个相对固定的比例。在我国佣金常常有"自由佣金"和"法定佣金"两种，如图5-11所示。

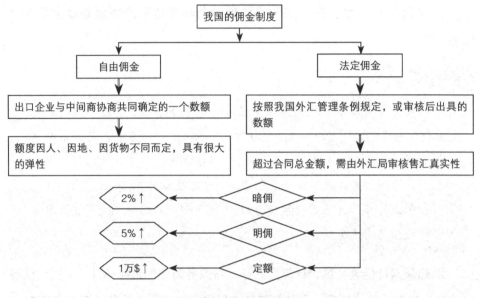

图5-11　我国的佣金制度

自由佣金由卖方与代理商，或中间商共同协商决定，额度因人、因地、因货物的不同而定，具有很大的弹性。而法定佣金则是相对固定的，具体为"凡超过合同总金额2%的暗佣和5%的明佣，且超过等值1万美元的出口佣金支付"需由外汇局审核。

因此，无论采用哪种形式，在佣金支付额度上都必须控制在外汇管理局规定的范围之内。

值得一提的是，在审核时，进出口企业应该提交相关的材料，比如出口项下超比例、超金额佣金，持正本出口合同、结汇水单、佣金协议、形式发票、银行汇款凭证和外汇局售汇通知单。这些资料必须经外汇局审核，确定其真实性才有效。

（2）佣金计算的基数问题

在计算佣金时，经常会涉及一个基数问题，在外贸中以FOB价为基数的佣金明显低于以CIF（或CFR）价为计算基数的佣金，因此在出口贸易中，外贸企业应尽量选择FOB价为基数。

在CIF合同的情况下，也可以尽量采用这个基数。根据INCOTERMS2000的规定，CIF贸易术语项下买卖双方的货物风险划分点在装运港的船舷，因而卖方在此后的运输与保险是为了买方的利益而行事，即CIF价中的运输与保险费成本并非卖方的既得利益，是为了买方的利益而分别支付给船公司和保险公司的，所以卖方不应就运输与保险费部分抽取佣金给买方，而应从CIF价中扣除运输与保险费用后，以货物的FOB价作为计算支付对方佣金的基数。

为此，在计算佣金时应尽量采用以FOB价计佣，而且要在买卖合同当中，明确指出"佣金按FOB价计算"的条款。

（3）佣金支付的时间问题

外贸企业在佣金支付的时间上必须贯彻"先收货款，后付佣金"，即应坚持在买卖合同履行完后才能支付佣金给中间商。

坚持这一做法的目的在于将中间商的利益与该合同的履行状况融为一体，使中间商努力为促使交易各方更好地履约，以得到他欲得到的那一部分利益。特别是当买卖双方初次交易出现误解和纠纷时，中间商的沟通及调解作用显得尤为重要。试想卖方在还未安全收到买方的全部货款之前就将佣金支付给了中间商，当合同履行出现问题时，中间商可能会因为缺乏相应的激励而缺少必要的积极性去促成交易的顺利进行。

5.7 选择运输方式

在国际货物运输中，涉及的运输方式有很多，其中包括海洋运输、铁路运输、航空运输、河流运输、邮政运输、公路运输、管道运输、大陆桥运输以及由各种运输方式组合的国际多式联运等。现将我国常用的几种方式简略加以介绍。

5.7.1　运输方式的类型

对外贸易由于空间距离较大，商品流通需要使用各种运输工具，通过长途运输才能实现交换。如果交易方涉及多个国家，往往还需要经过多次装卸搬运，变换不同的运输方式。因此，在对外贸易中，选择适合自己的运输方式也非常重要。

运输方式的种类很多，有传统的海洋运输、铁路运输、公路运输，还有现代化的航空运输、邮政运输、江河运输、管道运输和联合运输等。在我国对外贸易的货物中，绝大部分通过海洋运输，少部分通过铁路运输，也有一些货物是通过空运等其他运输方式进行的。随着多种运输方式的兴起，很多企业也在尝试着用新的运输方式。那么，下面就来了解一下这几种常见的运输方式，如表5-5所列。

表5-5　国际贸易中常见的运输方式

类型	概念
海洋运输	海洋运输是国际货物运输中运用最广泛的一种运输方式，占到运输总量的80%以上。适用于地处或靠近海洋的国家
铁路运输	铁路运输是最传统、最常见的方式之一，在国际货物运输中的地位仅次于海洋运输，适用于内陆国家
公路运输	公路运输是进出口货物的重要手段，它与海洋运输、铁路运输共同构成了外贸运输的三大方式，适合于车站、港口较发达的国家和地区
航空运输	航空运输是现代兴起的一种新的运输方式，它与其他相比具有方便、快捷的优势。但是其缺点也是非常明显的，不适合运输大宗贸易货物
内河运输	内河运输是水上运输的重要组成部分，它是连接内陆腹地与沿海地区的纽带，在运输和集散进出口货物中起着重要的作用
邮包运输	邮包运输是一种最简便的运输方式。主要通过各国的邮政部门订有协定和合约，通过这些协定和合约，各国的邮件包裹可以相互传递，从而形成国际邮包运输网
集装箱运输	集装箱运输是一种现代化的先进的运输方式，它可适用于海洋运输、铁路运输，又适合于国际多式联运等。是以集装箱作为运输单位的自动化货物运输方式
国际多式联运	国际多式联运是指通过两种或两种以上不同的运输方式来完成某项运输任务；它是在集装箱运输的基础上产生和发展起来的；它是以集装箱为媒介，把海、陆、空各种传统的单一运输方式有机地结合起来，组成一种国际间的连贯运输方式
管道运输	管道运输是极具现代化运输的方式，运输速度快，流量大，近年来，在盛产石油的国家尤为发达

5.7.2　选择最佳的运输方式

国际贸易中运输方式虽然很多，但是并不适合所有的货物，不同的货物要选择最适合的运输方式。而且很多时候还会受到路线、气候以及另一方客观因素的制约。因此，中间环节多，情况变化大，涉及的问题也较多，选择什么样的运输方式必须综合考虑多方面的因素。

就常用的运输方式而言，出口商需要对每种方式特征、优劣势有清晰的了解，下面是常用运输方式的对照。

5.7.2.1　海洋运输

在国际货物运输中运用最广、最多的一种方式（图5-12）。

（1）优点

① 充分利用四通八达的天然航道，所受限制较小，不像火车、汽车等运输方式会受轨道、道路的限制。

图5-12　海洋运输

② 海洋运输船舶的运输能力很大，通常都是几十万吨的货物，运载万吨，十几万吨。

③ 运费低。通常来讲，海洋运输航程长、运量大，因此分摊于每吨货运的运输成本就大大减少，因此运价成本相对较低。

④ 濒临港口，运输量大，航程长的企业可以选择这种方式。

（2）缺点

速度较慢，海上气候和自然条件恶劣，因此风险也较大。

（3）补充：内河运输

内河运输是水上运输的重要组成部分，具有海洋运输所有的优势，同时也是海洋运输和货物集散的主要补充。与海洋运输不同的是其主要局限于内陆河流、腹地与沿海地区的中枢等地。

5.7.2.2 铁路运输

图5-13 铁路运输

在国际货物运输中，铁路运输是仅次于海洋运输的主要运输主式，很多时候即使依靠海洋运输的进出口货物，也可靠铁路运输，或进行协助（图5-13）。

（1）优点

安全性、连续性较好，一年四季都可以正常进行，很少受到外在环境的影响。再加上运量较大，速度较快，办理货运手续简单等优势，也是很多企业货物运输的最佳选择。

（2）缺点

受道路影响比较大，没有铁路或者铁路较少的地区，还是避免用这种方式，否则会耽误行程。

5.7.2.3 航空运输（图5-14）

图5-14 航空运输

（1）优势

运输速度快、货运质量高，且不受地面条件的限制。只适合运输急需物资，精密仪器和（或者）价值较高的贵重物品。

（2）缺点

与海洋、铁路运输相比，运输量要小很多，因此，它不适合大宗货物的运输。

5.7.2.4 邮包运输

邮包运输在当今也是一种非常方便、快捷的运输方式，最大优势就是机动灵活、手续简便、费用较低，同时还可节省大量空间。主要来往于各国邮政部门的协作和合约，故其成为国际贸易中普遍采用的运输方式之一。值得注意的是，与航空运输一样，这种方式最大的缺点是它仅限于有迫切需求的，订货量较少的货物。

5.7.2.5　公路运输

公路运输是一种现代化的运输方式，它适合短途运输，通常是直接运进或运出对外贸易货物，用于车站、港口和机场货物的集散地段。

5.7.2.6　集装箱运输

集装箱运输是指以集装箱这种大型容器为载体，将货物集合组装成集装单元，以便在现代流通领域内运用大型装卸机械和大型载运车辆进行装卸、搬运作业和完成运输的一种形式。它具有新型、高效率、高效益等优点，可适用于海洋运输、铁路运输及国际多式联运等，如图5-15所示。

优势：
①保证货物运输安全；
②节省货物包装材料；
③简化货运作业手续；
④提高装卸作业效率；
⑤减少运营费用，降低运输成本；
⑥便于自动化管理。

图5-15　集装箱运输

5.7.2.7　国际多式联运

国际多式联运是一种至少运用两种以上交通工具运输的方式，它是以集装箱运输为基础，按照国际多式联运合同，将货物从一国境内的接管地点运至另一国境内指定交付地点的货物运输。

这种方式充分利用了海、陆、空等多种运输方式的优势，根据不同的运输环境进行优化组合，从而使货物运输效率最大、速度最快、安全性最高。包括陆海联运、陆空联运、海空联运、陆空陆联运、大陆桥运输和国际多式联运。

在国际贸易中，许多货物是通过陆海联运（或海陆联运）方式运输的。近年来，我国部分对外贸易货物也开始采用这种方式运输。

5.7.2.8　管道运输

管道运输是以管道作为运输工具的一种运输方式，是一种特殊的运输方式，对货物要求比较高，通常为石油、煤和化学产品等不利于航运、空运的货物。也可运输矿石、煤炭、建材、粮食等。

因其具有安全性较高、速度快、流量大、运费低、且没有中途装卸的环节等优势，很多国家开始兴起，尤其是盛产石油的国家，发展极为迅速。

缺点是灵活性差、专用型强、固定投资大。如不容扩展管线，难以实现"门到门"的运输服务，对大多数国家和地区来说，需要与铁路运输或汽车运输、水路运输配合才能完成全程输送。另一个是维护成本较高，为了实现连续输送、安全运输，需要在各中间站建立储存库和加压站，以促进管道运输的畅通，需要维修人员定期检查和维修。

为了使对外贸易货物的运输符合国家方针政策和"安全、迅速、准确、节省、方便"的要求，以适应对外贸易发展的需要，企业必须熟悉有关对外贸易运输的基本知识，尤其要掌握多种运输方式的种类。以便企业在日后出口中选择一条适合企业自身的运输方式。

5.8　办理保险减少风险

在国际贸易过程中，为避免一些不可控的外部因素影响运输，给货物造成损失。买卖双方在签订进出口合同时，需要明确货物一旦受损后的赔偿问题。赔偿最大的一部分就是来自保险，保险条款是合同中不可缺少的内容。

5.8.1　合同中的保险条款

货物的安全涉及双方当事人的利益，因此在合同中必须明确保险条款，以减少发生意外或灾害后可以将损失降低到最低。

在合同中保险条款常常会涉及以下4个内容：

（1）保险责任

保险责任是指"由谁办理保险""谁负责投保""谁负担保险费"。合同的性质不同保险的责任人也不同。

> 　按照规定，如果签订的是FOB、CFR合同，以及部分仅在内陆交货的合同，由买方负责办理投保，并承担风险，支付保险费，不涉及卖方利益；如果签订的是CIF、CIP、FCA、CPT等合同，则由卖方负责投保，支付保险费。
>
> 　如果双方另有约定共同承担，则需在合同中明确下来，承担什么任务，承担多大的任务，以及更多的细节都要一一写进合同。

（2）保险金额

保险金额是保险合同条款中一项非常重要的内容，关系到所担保的货物在发生损失后能否得到足额保障，以及对预期费用加成和保险费的开支。所以，在订立合同时，买卖双方必须在这方面事先取得一致，明确规定下来。

（3）保险险别

保险险别指的是投什么险，不同险别又与卖方支付的保险费有关，这是与买方利益相关的。按照我国保险公司的规定，在对外贸易中，货物投保的基本险别有平安险、水渍险和一切险3种，不同的险别所获得的利益补偿也不同。投什么险别双方当事人应协商一致，列入保险条款。否则，会影响到货物受损时获得的补偿。

（4）适用条款

各国保险公司都有自己的保险条款，但伦敦保险协会的"协会货物条款"是国际保险业广泛应用的条款，一般保险人都可以按该条款接受承保。

5.8.2　合同保险条款的拟定

保险条款在不同的贸易方式下，其适用范围、保险险别都有所差异。因此，在贸易中需要根据贸易方式采用相应的拟写方法。

（1）CIF、CIP合同中的保险条款

CIF、CIP合同中保险条款一般可订为：

"由卖方按发票金额的×××%投保××险和××险，以中国人民保险公司于1981年1月1日定的有关海洋运输货物保险条款为准。"

（Insurance is to be covered by the sellers for ×××%of invoice value against ×× and ×× as per Ocean Marine Cargo Clauses of The People's Insurance Company of China dated 1981.1.1. ）

（2）FOB、CFR合同中的保险条款

在FOB或CFR合同下，如果买方委托卖方代办保险，由买方负担保险费时，可订为：

"由买方委托卖方按CIF发票金额的×××%代为投保海洋运输险，按1982年1月1日协会货物条款（A）负责，保险费由买方负担。"

［Insurance is to be covered by the Sellers on behalf of the Buyers for ×××% of invoice value against Marine Risks as per Institute Cargo Clause（A）dated Jan.1.1982.Premium to be for Buyer's account. ］

5.8.3　货运保险条款有哪些规定

我国的货运保险通常以中国人民保险公司实施的"货物运输保险条款"为依据。但有时国外客户要求，也可以国际普遍适用的"协会货物条款"为准，但无论以哪种规定为准，都必须充分了解相关规定，以最大限度地保障自身利益。

5.8.3.1　我国实行的"货物运输保险条款"

中国人民保险公司制定的《国内货物运输保险条款》规定，货物运输保可分为基本险和附加险。基本险可以单独投保,而附加险不能单独投保。只有在投保某一种基本险的基础上才能加某一种或几种附加保险。基本险别有平安险、水渍险和一切险3种,如图5-16所示。

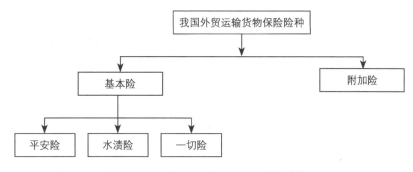

图5-16 我国外贸运输货物保险险种

(1)平安险的责任范围

① 由于自然灾害造成整批货物的全部损失或推定全损。被保货物用驳船运往或远离海轮的,每一驳船所装货物可视为一整批。

② 由于运输工具遭受意外事故造成货物全部或部分损失。

③ 在运输工具已发生意外事故的情况下,货物在此前后又遭受自然灾害造成的全部或部分损失。

④ 在装卸或转运时,由于一件或数件货物落海造成的全部或部分损失。

⑤ 被保人对遭受承保范围内的货物采取抢救、防止或减少损失措施而支付的费用,但以不超过被救货物的保险金额为限。

⑥ 运输工具遭难后,在避难港由于卸货所引起的损失以及在中途港、避难港由于卸货、存仓以及运送货物所产生的特别费用。

⑦ 运输合同订立了"船舶互撞责任条款",根据该条款规定应由货方偿还船方的损失。

(2)水渍险的责任范围

除平安险的各项责任外,还负责被保货物由于恶劣天气、雷电、海啸、地震、洪水等自然灾害造成的部分损失。

(3)一切险的责任范围

除平安险和水渍险的各项责任外,还负责被保货物在运输途中由于一般外来原因所造成的全部或部分损失。

（4）附加险的责任范围

附加险别是基本险别责任的扩大和补充，它不能单独投保，附加险别有一般附加险和特别附加险。

一般附加险包括：偷窃、提不着货险、淡水雨淋险、短量险、渗漏险、混杂、玷污险、碰损、破碎险、串味险、受潮受热险、钩损险、包装破裂险和锈损险。特殊附加险包括：交货不到险、进口关税险、舱面险、拒收险、黄曲霉素险、出口货物到港九或澳门存仓火险责任扩展条款、罢工险和战争险。

5.8.3.2 国际上通用的《协会货物条款》

《协会货物条款》最早由英国伦敦保险业于1912年制订，1982年重新修订，1983年4月1日开始正式实行。该条款规定把运输货物保险分为6种，具体如图5-17所示。

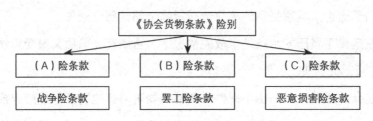

图5-17 《协会货物条款》险别

下面就来了解一下这些条款的责任范围和具体内容。

（1）A险的承保责任范围

除外责任项下所列风险。除外责任包括一般除外责任、船舶或驳船不适航、不适货除外责任、战争除外责任及罢工除外责任四类。

（2）B险的承保责任范围

火灾、爆炸、船舶触礁、搁浅、沉没或者倾覆；汽车倾覆、火车出轨或者同其他物体碰撞等，以及地震、火山爆发、雷击等自然意外现象。

此外，该险别还承保货物在运输过程中的共同海损牺牲，被抛弃，以及在装卸时不慎落入海中或跌落而造成的整件的全损。

（3）C险承保的责任范围

该险别的承保范围与B险有很多相同的地方，包括船舶或驳船触礁、搁浅、沉没或者倾覆；陆上运输工具倾覆或出轨；以及火山、地震等自然灾害造成的货物损失，以及货物因共同海损牺牲和被抛弃而产生的损失。唯一不同的是，该险别仅仅对重大意外事故和自然灾害造成的损失负责，如果是非重大意外事故概不负责。

（4）协会战争险条款承保的范围

因为战争、类似战争的行为，如敌对行为、武装冲突或海盗行为所致的损失，由内乱或任何交战方而引起敌对行为造成的直接损失，或捕获、扣押、扣留、拘禁或羁押造成的间接损失。同时，还包括因战争中任何一方因使用的水雷、鱼雷、炸弹或其他被遗弃的战争武器而造成的损失。

（5）协会罢工险货物条款承保的范围

包括因罢工、被迫停工或参加工潮、暴动、民众斗争的行动，或参加暴动人员恶意行为所造成的直接损失，或由上述行为所引起的共同海损的牺牲、分摊和救助费用负赔偿责任。

（6）恶意损害险条款承保的范围

包括保险承保人恶意破坏行为对货物造成的损失，或者受限于本保险所含的其他除外责任。

第6章 签订贸易合同

签订合同是外贸活动中不可或缺的一个环节，不仅关系到贸易当事人的利益，还关系着国家利益、国与国之间的关系。因此，贸易合同在对外贸易中具有重要的作用。合同必须符合法律规范才能得到法律的承认和保护。各国的法律对于合同的成立都要求具备一定的条件，即所谓合同有效的条件，但各国的要求却不完全相同。

6.1 订立书面合同

国际贸易合同，通常又被称外贸合同或进出口贸易合同，指的是处于不同国家或地区的当事人就商品买卖所产生的权利和义务而达成的书面协议。它是对签约各方具有同等约束力的法律性文件，是解决贸易活动中出现纠纷，调节、仲裁、诉讼的法律依据。

6.1.1 国际贸易合同的作用

国际贸易是以合同为中心进行的，不同国家的当事人之间订立的有关货物的进口或出口合同统称。在整个过程中发挥着及其重要的约束和规范作用，关系到合同当事人的利益，是当事人各自履行约定义务的依据；也是一旦发生违约行为时，进行补救、处理争议的依据。综上所述合同在国际贸易中起着极其重要和不可替代的作用。如图6-1所示。

明确各方当事人的权利和义务
有助于买卖双方对贸易进行更深入的理解和更好的运用。明确双方的权利和义务，在贸易中自己享有什么样的权利，需要承担什么样的义务，对方享有什么样的权利，需要承担什么样的义务等。

明确各种问题的解决方案
国际贸易的买卖双方分处两国，相距遥远，在卖方交货和买方接货的过程中，涉及许多问题，例如：由何方洽租运输工具、装货、卸货、办理货运保险、申领进出口许可证和报关纳税等进出口手续，由何方支付运费、装卸费、保险费、税捐和其他杂项费用，由何方负担货物在运输途中可能发生的损坏和灭失的风险。如果每笔交易都要求买卖双方对上述手续、费用和风险，逐项反复洽商，将耗费大量的时间和费用，并影响交易的达成。

明确应承担的责任
国际贸易进行中更需要合同的法律保护，同时也能保证发货人能收到货款，保证收货人能收到正常的货物，签合同都是为了避免后面的法律纠纷，同时也是使双方的利益最大化。
对双方具有相同的法律约束力。在合同的履行过程中，合同双方当事人都必须严格执行合同条款，否则就是违反合同，即违约。当违约造成损失或损害时，受损害方可依据相关适用法律提出索赔要求，违约方必须承担造成的损失。

图6-1 合同在国际贸易中的作用

6.1.2 国际贸易合同的内容

国际贸易合同作为各国经营进出口业务企业开展货物交易基础性的，具有法律效应的协议，从不同层面、不同角度来对买卖双方的行为进行规范。通常来讲，一项完整的国际贸易合同，必须具备7项基本的内容，具体如表6-1所列。

表6-1　国际贸易合同的基本内容

项目	具体内容
品质条款 （quality clause）	商品的品质是指商品的内在素质和外观形态的综合。前者包括商品的物理性能、机械性能、化学成分和生物特性等自然属性；后者包括商品的品名、等级、标准、规格、商标或牌号，外形、色泽、款式、透明度等
数量条款 （quantity clause）	数量条款的基本内容是规定交货的数量和使用的计量单位。如果是按重量计算的货物，还要规定计算重量的方法，如毛重、净重、以毛作净、公量等。计量单位有克、公斤、公吨；件、双、套、打；公升、加仑、夸特
包装条款 （packing clause）	包装条款主要包括商品包装的方式、材料、包装费用和运输标志等内容。 运输包装上的标志，按其用途可分为运输标志（又称唛头）、指示性标志和警告性标志3种
价格条款 （price clause）	价格条款是由单价（unit price）和总值（amount）组成。其中单价包括计量单位、单位价格金额、计价货币、价格术语四项内容。 例如：每公吨100美元（cif纽约）。 在外贸业务中有着一套专门的价格术语，是关于价格条件的一种专业用语，如FOB、CIF、DDP等
支付条款 （terms of payment）	支付条款包括在合同中明确规定汇付的时间、具体的汇付方式和汇付的金额等。具体汇付、托收、信用证支付等方式
违约条款 （breach clause）	①异议与索赔条款 主要内容为一方违约，对方有权提出索赔。这是索赔的基本前提。此外还包括索赔依据、索赔期限等。索赔依据主要规定索赔必备的证据及出证机构。若提供的证据不充足、不齐全、不清楚，或出证机构未经对方同意，均可能遭到对方拒赔 ②罚金条款 该条款主要规定当一方违约时，应向对方支付一定数额的约定罚金，以弥补对方的损失。罚金就其性质而言就是违约金
不可抗力条款 （force majeure clause）	这实际上是一项免责条款。是指在合同签订后，不是由于当事人的过失或疏忽，而是由于发生了当事人所不能预见的、不可抗力，无法避免和无法预防的意外事故，而致使不能履行或无法如期履行合同的责任。在这种情况下遭受意外事故的一方可以免除履行合同的责任或可以延期履行合同，另一方无权要求损害赔偿。 不可抗力的法律后果，主要表现在以下几个方面：解除合同、免除部分责任、延迟履行合同

在这里尤其需要注意最后一条——不可抗力条款，由于这是一项免责条款，因此必须具备一定的条件。换句话说，只有满足了一些基本条件后才能使用该条款。

构成不可抗力的条件有以下3条：

① 它是在订立合同以后，合同履行完毕之前发生的，并且是在订立合同时当事人所不能预见的。

② 它不是由于任何一方当事人的过失或疏忽行为所造成的，即不是由于当事人的主观原因所造成的。

③ 它是双方当事人所不能控制的，即这种事件的发生是不能预见、无法避免、无法预防的。

综上所述，凡人们能够预见而未预见，经过努力能够预防或控制的，不可抗力事件，通常可包括两大类；一类是由于自然力量所引起的，如地震、海啸、台风、暴风雪、火灾、旱灾、水灾等；另一类是由于社会力量所引起的，如战争、罢工、政府禁令等。

6.1.3　国际贸易合同的特点

在国际贸易中，国际货物买卖合同的当事人处于不同的国家，不同的地区，所交易的货物也是各不相同。因此，与国内货物买卖合同相比具有很大的不同，其特点具体如表6-2所列。

表6-2　国际贸易合同的特点

特点	内容
跨国际性	即订立国际货物买卖合同的当事人的营业地在不同的国家，不管合同当事人的国籍是什么。如果当事人的营业地在不同的国家，其签订的合同即为"国际性"合同；反之，合同被称为"国内"合同。如果当事人没有营业地，则以其长期居住所在地为"营业地"
标的物必须是货物、劳务和技术	根据国际贸易标的物的不同，可以将国际贸易分为三个部分，即国际货物贸易、国际服务贸易和国际技术贸易。其中国际货物贸易是国际贸易的重要组成部分 国际货物买卖合同的标的物是货物、劳务和技术。而不包括股票、债券、投资证券、流通票据或其他无形财产，也不包括不动产和提供劳务的交易
执行性	国际货物必须由一国境内运往他国境内，因此国际货物买卖合同的订立可以在不同的国家完成，也可以在一个国家完成。但履行合同时，卖方交付的货物必须运往他国境内，并在其他境内完成货物交付
法律性的适用性	国际货物买卖合同具有涉外因素，调整国际货物买卖合同的法律涉及不同国家的法律制度、适用的国际贸易公约或国际贸易惯例。被认为与一个以上的国家有重要的联系，因此在法律的适用性上，各国法律的规定就与国内合同有所不同 概括起来，国际货物买卖合同适用的法律有三种：国内法；国际贸易惯例；国际条约

6.1.4　签订合同时避免口头协议

以往，在国内业务合作中，很多企业之间的合作非常不规范，签订的合同不合法定程序，甚至经常出现一些口头协议。如果双方都是非常熟悉的合作伙伴，非常信赖这也勉强说得过去。

然而，在国际贸易中如果有这样的行为，是非常不理智的，不签订正式合同是很危险的。在国际贸易中，进出口商需要经常与外国商人打交道，尤其是欧美等西方国家的人，为了更好地保障双方的利益，他们在做生意时都要求签订书面合同。因此，我们在与外国商人打交道的时候谨防口头协议，无论是什么都要清清楚楚、明明白白地写在合同上，以书面合同的形式把交易内容合法化，规范化。

案例分析

国内某出口企业A与以色列某买家B公司建立长期的贸易合作关系，自2007年6月起已经多次向对方提供服装。2010年A公司经B公司介绍向另一公司D提供价值70万美元的冬季服装。由于长期的合作关系，A非常信任对方B，因此没有订立正式合同，只是达成了简单的口头协议。

不料，D公司收货后没有按照口头约定的期限付款。由于A企业投保了出口信用保险，于是便以买家拖欠为由向中国信保保险公司通报出险情况，同时委托中国信保介入调查追讨。

考虑到涉案金额较大，买家动机不明，中国信保接到出险通知后，立即委托以色列律师进行调查。在调查中，D公司全盘否认与A公司之间的贸易关系，声称其只与另外一家公司存在贸易关系。而且D公司也就货物质量问题提出异议，证明货物确有存在质量问题。最后，D公司以相关交易与A公司无关为由，拒绝支付货款。

据调查，A公司与B公司虽有多年交易历史，但一直未曾与D公司签署正式的贸易合同。虽然提单、发票等单据资料可以在一定程度上佐证或还原贸易事实，但没有证明两者存在合同债权债务关系的直接证据，其说服力大打折扣。

这个案例的关键在于A公司无法证明与D公司的贸易往来，由于拿不出相应的交易证据，尤其是合同，D公司的货款只能不了了之。

A公司的失败根源就在于签订合同时的不规范，对于一些重点条款、有争议的条款没有在合同中明确下来，而只是口头协议，过于相信对方，从而使对方钻了法律的空子。

6.2 甄别合同条款

合同条款对双方的权利和义务做出了明确的规范，是联系双方的纽带，对双方具有相同的法律约束力。然而，很多企业由于主客观等多方面的原因，往往忽略一些合同细节，或者在某些条款上规定不够明确，从而为以后的执行埋下了隐患。

6.2.1 合同条款要全面且详尽

合同条款是合同条件的表现和固定化，是确定合同当事人权利和义务的根据。即从法律文书而言，合同的内容就是指合同的各项条款。因此，合同条款必须要明确、肯定、完整，且各条款之间不能自相矛盾。否则将影响合同成立、生效和履行，甚至违背订立合同的目的，综上所述，准确理解条款含义具有非常重要的作用。

在与对方签订合同的时候必须特别注意合同的条款，如果由对方出具合同，要仔细阅读，对存有异议或表述含糊的条款及时沟通，进行修订，确保每一条都是双方真实意思的表述；如果是己方出具合同，则要充分调查，全面考虑，将可能涉及的方方面面给予明确规定；如果是委托人或代理人，还必须要对方出示相应的委托证明。

否则，就会有可能造成损失，甚至可能承担法律责任，赔偿损失。

　　2015年8月初，广东某A公司与德国B公司签订了一份价值为40万美元的皮具出口合同，双方约定所有商品均标注B公司的商标，货物分3批在3个月内分别运输到柏林码头。

　　签订合同后，我国A公司根据合同约定，于8月10日，9月1日先后出运两批货物，但是两个月过去了，不仅没有收到货款，反而于11月底接到B公司的律师函。涵中提出，B公司由于财政紧张，决定暂停进货，而且正在同第三方商谈公司出售事宜。但是，由于第三方公司不愿意承担B公司的债务，所以，B公司希望能同包括A公司在内的所有债权人达成和解协议，降低货款了结债务。

　　A公司收到电函之后，未接受B公司的提议，同时要求B公司必须按照合同的规定办事，支付已经出运的两笔货物的款项，及第三笔的订单投入生产所消耗的所有费用，共计267700美元，并尽快结款。

　　最终B公司只支付了收到的那两笔货物的款项，而没支付第三笔货物的费用。A公司上诉法律也没有得到相应的赔偿，理由是合同中并没有相关的条款规定。至此，A公司对这批库存商品的处理告一段落，现在这批货物仍滞留在A公司仓库，处理前景不容乐观。

　　上述案例中，以当时B公司的财务状况，A公司继续出运无异于"肉包子打狗——有去无回"；但是若是在其他地区处理货物，因订制产品的花色和样式不符合当地市场的需求，很难以合理的价格售出。

　　案例中A、B两家公司最大的分歧在于，第三笔货款是否应该如期支付。按照B公司的说法，第三笔货物尚未运出，一切费用、风险尚未发生转移，遂不应支付。按照A公司的说法，货物虽然堆放在公司仓库里，但是按照B公司的要求定制的，并且已经贴上了B公司的商标。

　　可见，A公司今后还要为这批货物的处理费尽心思，而众多初涉外贸领域的企业也可能正重蹈A公司的覆辙。"君子防患于未然"，只有全面、详尽地制定合同条款才能确保自身的利益不受损害，有效地规避风险。

6.2.2　注意合同条款的细节

尤其是涉及的相关运输、保险、结算、融资等条款时，更要考虑周全。总之，每个细节都不可马虎，必须完全达成一致后才可签订。

仍以上述案例为例，A公司无法保障自己的利益，关键原因还在于有些合同条款细节没处理好。

合同内容只对商品的名称、数量、包装、装运、价格和支付条款的订单等做了规定。而对货物的商检、索赔、违约责任，以及在运输过程中出现的不可抗力因素造成的损失，发生争议的解决办法等合同条款均未涉及。按照正常的程序这份合同的缔约存在很多疏漏，给A公司留下了很大的隐患。最终尽管库存商品积压都是由B公司单方面违约造成的，但合同中并未约定在B公司违约的情况下有关商标使用的特例情况，即使事实属实，由于没有具体规定却求告无门。即使法院做出判决，也只能寄希望于B公司从情理上考虑给予适当的赔偿，但B公司正面临着巨额的债务压力，这点希望几乎不大。

这个事例也提醒广大出口商，在订立合同时，除了要约定常规的条款外，还要注意细节，根据双方的实际情况添加特殊条款。总结一点，在国际贸易实务中，无论作为买方还是卖方，都应该在法律上、技术上严谨认真地与签订合同的有关当事人协商，反复斟酌，从设备到工艺、从标准到质量、从配件到整机、从价格到市场、从服务到维修、从交货周期到配件供应年限、从付款到交货、从检测到验收，以及本案所涉及的商标权问题，事无巨细，均应提前进行详尽明确的约定，以防患于未然。

合同中常见的细节条款包括：

（1）进口方的关键信息不可缺

签订合同的目的是防止将来产生纠纷有依据可遵守，或者协商或者诉讼或者仲裁都要按照合同的约定说话。如果起诉或仲裁的话，被告或者被诉人的身份一定要确定。

如，对方是自然人，而合同上只有对方名字和电话，没有其他任何信息，你又无从查询，那么你的诉状或者仲裁申请书就没法写，你就会面临起诉无门或者被驳回的尴尬局面，你的权利当然就不会被得到保护。建议：把自然人的身份证件作为合同的附件，注明对方的住址和通信方式。如果对方是公司，那么就要把公司的经常营业地注明，公司的通信电话注明。

（2）任何权利义务都必须明确约定

比如，一份土地租赁合同，一定明确土地的四至，不能产生歧义，而且一定要有双方盖章认可的位置图，防止对方钻空子。

（3）对于信誉或财力不好的进口商要担保

对于那些信誉不好的小公司或者自然人（尤其是没有固定工作的外地自然人），为约束他认真履行合同，最好让他提供担保，这样，即使他无能力偿还或者赔偿你的损失，也可以要求保证人代为承担责任或者以担保的财产抵偿。

（4）具体明确违约责任，规定违约金

很多合同中虽然约定了违约方要承担损失等，但是并没有具体的标准，使实际执行起来没法确定，造成一定的举证困难，很多损失因缺乏足够的依据和政局支持而得不到法院的支持。

如，对违约方可以这样约定：违约方支付对方货款总额的20%的违约金。基于此，对于违约的约定一定要具体明确，否则，连违约的问题都没法确定，那损失或者违约金也就失去了意义。

（5）"定金"和"订金"不可混淆

定金是订立合同的保证或者叫担保。一旦收到定金方违约，依法违约方要双倍返还对方；交付定金方违约，无权要求返还定金。而订金确是订立合同的资金。合同不能履行，收到订金的一方要返还订金，不会涉及双倍返还的问题。

6.2.3　合同条款的更改

如果一方因某些原因需要修改合同部分条款或终止合同，必须提请对方确认。如果对方不同意修改或终止合同，除非提请方证明出现了不可抗拒的特殊情况，否则按原合同履行。私自修改合同条款的则要承担违约责任。

6.3 依法订立和履行合同

6.3.1 依法订立合同

《中华人民共和国合同法》第七条的规定，"当事人订立、履行合同，应当遵守法律、行政法规，尊重社会公德，不得扰乱社会经济秩序，损害社会公共利益。"这说明，合同的订立必须是两方及以上当事人通过协商互相之间建立的法律关系行为，受法律保护，并受制于法律。

作为合同法范围内的外贸合同，在订立时同样要遵守法律的相关规定。

合同的订立包括两个方面，邀约和承诺，合同中的邀约、承诺双方成动态行为和静态协议的统一，如图6-2所示。

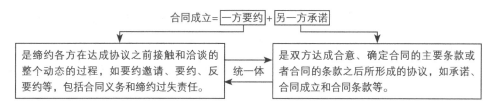

图6-2 合同的订立

（1）要约

要约是当事人一方向对方发出的希望与对方订立合同的意思表示。由客户发出自己要些什么东西，要求的价格等条件，然后由商家来决定是否接受客户的要约。假如商家接受客户的要约，那么交易成功；假如商家不接受客户的要约，就是交易失败。

这是个双赢的商业模式，客户以自己的条件得到了需要的东西，商家无须到处找客户，潜在客户主动找你并发出要约购买商品，你只需说卖还是不卖。

要约的撤回和撤销：
（1）要约的撤回，是指要约人在发出要约后，于要约到达受要约人之前取消其要约的行为。合同法第17条规定：要约可以撤回。撤回要约的通知应当在要约到达受要约人之前或者同时到达受要约人。在此情形下，被撤回的要约实际上是尚未生效的要约。倘若撤回的通知于要约到达后到达，而按其通知方式依通常情形应先于要约到达或同时到达，其效力如何？我国合同法未作规定。依诚实信用原则，在此情况下，相对人应当向要约人发出迟到的通知，相对人怠于通知且其情形为要约人可得而知者，其要约撤回的通知视为未迟到。

（2）要约的撤销，是指在要约发生法律效力后，要约人取消要约从而使要约归于消灭的行为。要约的撤销不同于要约的撤回（前者发生于生效后，后者发生于生效前）。

合同法第18条规定：要约可以撤销。撤销要约的通知应当在受要约人发出承诺通知之前到达受要约人。

第19条规定："有下列情形之一的，要约不得撤销：①要约人确定了承诺期限或者以其他方式明示要约不可撤销；②受要约人有理由认为要约是不可撤销的，并且已经为履行合同做了准备工作。"

要约和邀请的区别仅在于时间的不同，在法律效力上是等同的。要约的撤回是在要约生效之前为之，即撤回要约的通知应当在要约到达受约人之前或者与要约同时到达受要约人；而要约的撤销是在要约生效之后承诺作用之前而为之，即撤销要约的通知应当在受要约人发出承诺通知之前到达受要约人。

（2）承诺

承诺指受要约人向要约人所做出愿意缔结合同的意思表示。通常来讲，承诺的构成要件包括3部分，即向要约方做出承诺时至少要具有以下3个方面的内容：

要约以信件或者电报作出的，承诺期限自信件载明的日期或者电报交发之日开始计算；信件未载明日期的，自投寄该信件的邮戳日期开始计算；要约以电话、传真等快速通信方式作出的，承诺期限自要约到达受要约人时开始计算。

① 承诺的生效。

a. 承诺以通知形式作出的。（采用到达主义，即通知到达要约人时合同生效。）

b. 当事人采用合同书形式订立合同的，自双方当事人签字或者盖章时合同成立。

c. 当事人采用信件、数据电文等形式订立合同的，可以在合同成立之前要求签订确认书，签订确认书时合同成立。

② 承诺的迟到和延迟。

a. 迟到：原则上为新要约，要约人及时承认为例外。

b. 迟延：原则上有效，要约人及时通知不承认为例外。

③ 承诺的撤回。

a. 已发出但未生效的承诺。

b. 早于承诺或同时到达。

注意：承诺只可撤回不可撤销。

6.3.2　严格履行合同

合同的履行指的是双方当事人按照合同规定的义务去履行合同。合同规定的义务当事人应该而且必须履行。相应地，凡是不履行合同规定义务的行为都会受到相应的处罚。

履行合同是对当事人最基本的要求，只有当事人双方严格按照合同的约定，全面、正确地完成各自承担的义务，合同的权利才能得以实现，然而，在现实中，很多人不履行或者只履行部分义务，从而给另一方造成了巨大的损失。

案例分析

2016年6月20日，日本A公司和西安F公司签订了一份汽配零件供应合同，F公司向A公司购买一批家电零配件和维修设备，并就价格问题达成了一致，并签订了买卖合同。合同规定A公司最迟不应晚于7月10日装运发货，总金额为10万美元，先支付50%费用，货到后再支付另外50%。

合同签订后，A公司于次日电话通知F公司，说明由于所需的家电零配件短缺，提出用同类产品来代替的想法。

F公司经商议后同意A公司的请求，并回函称，"同意A公司的提议，但必须保证产品质量，并在原规定的期限内如期供货。"而由这一条款的改变带来的价格、产地变化并没有另行说明。

7月10日，A公司如期交货，货到后F公司对商品进行了检验，经检验均系韩国产品。为此致函A公司，称"该货物非日本所产，而且质量有问题，要求换货"。并以另外50%的货款相要挟，如果不换货拒绝支付这部分费用。

A公司回函称，F公司已经接受非日本产品，不能以产品为非日本而索赔。

双方就这个争议对簿公堂，审理中法院裁定，A公司不承担任何责任，F公司支付剩余货款。

本案中争议的焦点正是义务的履行问题，表面上看这份判决不公平，而事先也是公认的A公司中间更改合同，处于劣势，F公司原本购买的日货却变成韩货，占据主动地位。实际上，从双方当事人履行义务的角度来看，A公司已经履行完毕自己的义务，恰恰是F公司无故拒绝支付剩余货款，违背原则。

就这个案件，包括了合同条款更改和义务履行两个问题。就第一个问题而言，根据《合同法》第77条规定，"当事人协商一致，可以变更合同。"经当事人协商同意后，合同条款可以修改变更。在接到A公司的变更请求后，F公司表示同意，经双方协商一致，就合同规定的产品类型的条款进行依法变更，符合法律的规定，应当认定为合法有效。

关于货物的问题，F公司在没有提出更改产地价格的前提下，需按照原合同条款依法履行。合同中对进货货物的条款虽然发生了变更，但仅对货物类型做了变更，而并没有改动产地、价格，因此在针对产地问题上应按原合同执行。

为什么会出现F公司的情况？明明占有优势还败诉，这就是因为部分当事人并不十分懂得合同的履行原则。

合同履行的原则，是指法律规定的所有种类合同当事人在履行合同过程中所必须遵循的一般准则。根据我国合同立法及司法实践的规定，合同的履行应遵守平等、公平、诚实信用的原则，同时也要遵循适当履行原则、协作履行原则、经济合理原则和情势变更原则等特有原则。

以下就这些履行特有原则加以介绍，如图6-3所示。

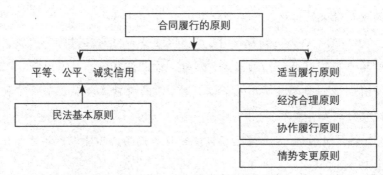

图6-3　合同履行的原则

在外贸合同中，合同的履行是当事人执行合同义务的行为。由于合同的类型不同，履行的原则也不尽一致。但任何合同义务的履行都必须遵守最基本的原则，这是合同权益和义务得以实现的条件。

6.4 谨防合同欺诈

合同欺诈是以订立合同为手段，以非法占有为目的，用虚构事实或隐瞒真相的欺骗方法骗取公私财物的行为。司法解释为"一方当事人故意告知对方虚假情况，或者故意隐瞒真实情况，诱使对方当事人做出错误意思表示"。

6.4.1 什么是合同欺诈

合同欺诈，是指以订立合同为手段，以非法占有为目的，用虚构事实或隐瞒真相的欺骗方法骗取公私财物的行为。

合同欺诈的行为表现为合同当事人一方为了获取非法利益，故意捏造虚假情况，或歪曲、掩盖真实情况，使相对人陷入错误认识，并因此做出不合真意的意思表示，订立、履行合同的行为。

（1）合同欺诈构成要件

合同欺诈行为是一种民事法律行为，它有五个构成要件，在判断一份合同是否存在欺诈行为时，可看其是否存在以下行为，只要具备以下行为则可以认定是合同欺诈罪。

其5个要件分别如图6-4所示。

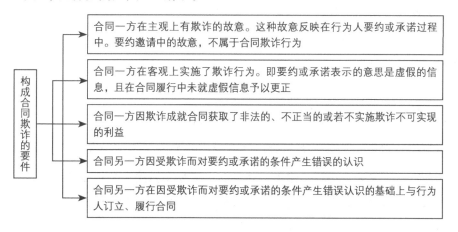

图6-4　构成合同欺诈的要件

（2）合同欺诈行为特征

① 隐藏性。

合同欺诈行为人的欺诈行为，相对于如标的、价格、标准、功能、合同主体等合同的主要信息，合同一方是清楚的，在明；合同相对人则是不清楚的，在暗。真实信息的隐蔽性，造成了合同当事人双方地位的不平等。

这种隐藏性表现在两个方面：

一方面，合同一方的行为表面上是合法的，通过订立、成立、履行合同行为使自己的行为合法化。

另一方面，合同一方的行为本质是非法的，合同一方行为破坏了另一方的意思表示，使相对人做出错误的意思表示。合同欺诈行为的二重性使合同欺诈行为成就的合同在法律上是一个矛盾体，从而使其成为利用合同从事违法活动的一种典型的违法行为。

② 干扰性。

合同欺诈行为人的欺诈行为，把要约或承诺的错误条件反映到相对人大脑中，使相对人在规避合同风险和实现预期利益的决策中做出与自己本来意愿不一致甚至相反的决策——错误的意思表示。相对人的"意思自治"由于行为人的干扰而成为"意思他治"。

③ 违法性。

欺诈行为破坏了交易的自愿性，正是通过欺诈等方式使对方做出与其真实意思不相符合的意思表示。危害了社会经济秩序，损害了他人的合法权益，在法律上属于应受禁止的非法行为。

6.4.2 外贸合同欺诈的3大手法

利用外贸合同进行诈骗活动，是出现在外贸行业的一种常见情况。对此，工商部门对相关企业进行了全方位排查，并陆续对涉嫌合同诈骗的企业进行了深入调查，查实是否有诈骗行为。从调查情况来看，外贸合同欺诈的手法常常表现为以下3类。

（1）帮助出口骗取"认证费"

　　2012年6月，深圳工商部门接到江西赣州鑫海食品厂的投诉。事情经过是这样的：深圳高富海公司的谢某打电话给江西省赣州市鑫海食品厂负责人，称有一俄罗斯外商需订购一批腊制品。鑫海食品厂对这个开拓海外市场的机会非常重视，遂与高富海公司签订了销售代理业务合约书，约定高富海公司为销售代理，负责海外客商订单。

　　接着，高富海公司称俄联邦西比国际有限公司需100吨腊制品订货，但要求提供俄联邦商品检验局核发的《商品质量证明书》和《卫生许可证》。鑫海厂表示没有办法办理。于是，高富海称其在俄罗斯有办事处，可帮助办理。鑫海于是又与高富海签订《委托协议》，全权委托其办理相关证明文件，并按其要求从银行转2万元给高富海公司。

　　之后，高富海开始以种种借口拖延时间，直到12月9日，鑫海再次拨打高富海公司电话时，对方称与鑫海联系的相关人员已离开高富海公司。

　　警方发现，该公司已去向不明。工商人员再到相关会计师事务所调查发现，高富海公司涉嫌虚报注册资本200万元。

　　这种骗子公司一般拥有产品进出口权。他们通常以优惠的价格作诱饵，声称可以帮企业将产品打入国际市场，并诱使其签订合同。之后再称产品出口必须具备进出口地的卫生许可证、检验检疫证等相关证件，从而骗取企业所谓的"认证费"，资金到手后却没了下文。

　　（2）打融资幌子骗取"考察费"

　　2002年4月，吉林某市一家企业接到一张来自"世界华人工商促进会"的邀请函，声称可以帮助该企业到海外市场融资，对企业进行技术改造，还可以包销经技术改造后企业的产品。随后，该市领导亲自带队到深圳洽谈融资事宜。一名自称"深圳华商融实业有限公司"负责人和"世界华人工商促进会"秘书长的人物接待了他们并进行了合作洽谈。随后，双方签订合同，按照合同约定，该企业缴纳了10万元的项目考察费和评估费。等企业回去后再与这家公司及相关人等联系时，对方却已不见踪影。

这种打着"融资"的幌子骗取企业考察费的现象，是合同诈骗中一种最常见的手段。诈骗企业往往打着国际财团在中国大陆地区总代理的旗号，通过各种渠道搜寻到内地企业的招商项目后，再放出各种优惠条件，诱使内地企业与其签订融资合同，在骗取到"考察费""评估费"等名目的费用后便不见踪影。

（3）利用海外关系骗取"保证金"

案例分析

> 2004年6月23日，罗湖工商分局接到市工商局转来的一份有关涉嫌合同欺诈的投诉。深圳市永东利进出口贸易有限公司声称要购买投诉人钟先生的木材用于出口。双方签订合同后，该公司主动提出给钟先生汇美元当货款，于是钟先生先交了定仓费1万元。当钟先生把合同取回后，该公司却不见了踪影。

这种利用"海外关系"帮助企业出口以骗取保证金和其他费用的现象，也是非常普遍的一种外贸诈骗行为。诈骗企业一般在媒体刊登广告，声称与海外某公司签订了大额货物购销合同，要求有生产能力和组织货源能力的企业与之联系。有企业前来联系时，骗子公司利用对方急需把产品销售出去的心理，要求支付一定的"履约保证金"。拿到保证金后，骗子公司先采取拖延战术，最后要么谎称海外合作方有变、自己也是受害者，要么干脆一走了之。

6.4.3 合同欺诈和合同纠纷的区别

合同欺诈不同于合同纠纷，两者的区别主要看行为人有没有骗取他人财物、非法占有财产的目的，客观上是否采取了欺骗手段，而有没有履行合同的能力不是唯一的标准。

区别一：行为人明知自己没有履行合同的实际能力或根本没有履行合同的意愿，签订合同只是为了达到占有对方财物的目的，这就是合同欺诈行为；如果具有履行合同的诚意，只是在履行合同的过程中，由于客观原因或主观过高估计了自己的履行能力，虽经过努力仍不见成效的，则按合同纠纷处理。

区别二：合同签订时和合同签订后行为人具有履行能力，但却虚构事实或制造借口，故意不履行合同，以达到占有对方财物的目的，则构成合同欺诈；如果当事人由于某种原因导致工作失误而给对方造成损失的，应按合同纠纷处理。

6.5 避免FOB合同陷阱

近年来，我国的国际贸易出口合同中多以FOB价格条款成交，因为有不少卖/买方认为，以FOB价格条款成交比较省事，可以省去耗费在租船、订舱、投保等环节上的诸多精力及费用。因此在利用这一条款时对运输、保险等环节研究不多，或者说重视不够，往往陷入风险之中。

6.5.1 谨慎签订FOB条款

在对外贸易中，客户往往会特别要求使用FOB条款的情况，因为，使用FOB条款通常是对方指定的境外船公司、货代公司，或者无船承运人安排运输，需要在信用证结算上设置客户检验证书等软条款。

有些被指定的境外货代或无船承运人趁机暗中操作，居心不良，与买方合谋串通，搞无单放货。也有些客户特意设置境外货代或无船承运人来国内进行骗货。这样就有可能使出口企业货、款尽失，带来巨大的损失。再加上风险防范意识淡薄等，很容易陷入合同陷阱。

案例分析

　　2011年11月8日，我国上海某贸易股份有限公司以FOB贸易形式，与韩国一公司签订了一批出口服饰的合同。合同中规定，付款方式以信用证的形式。韩国公司指定韩国某货代公司为货物承运人，负责将该批货物从中国上海运至韩国釜山。受委托之后，这家货代公司就签发了以上海某贸易股份有限公司为托运人的正本提单："托运人为中国贸易股份有限公司，通知方为丁股份有限公司，收货人为'根据某银行指示'"。

　　货发出之后，上海这家贸易公司一直没有收到足额的货款，由于一直没有收到付款，因此上海这家贸易股份有限公司一直持有上述提单正本。经调查，原来货物运抵目的港后，已由前述提单通知人以银行保函形式，向货代公司提取货物。即涉案货物已由货代公司在目的港未收回正本提单前，被他人提走了。最终导致上海某贸易公司货款两失。

为此，12月8日，我国上海这家贸易股份有限公司诉至我国海事法院，请求判令被告韩国这家货代公司赔偿相应经济损失5.9598万美元，及该款自某年11月起的利息损失。最终，根据我国的相关法律，判决如下：韩国某货代公司向我国贸易公司赔偿货款损失5.9598万美元及利息损失。

本案是一起海上货物运输合同纠纷案，涉案货物在对方未提交正本提单下被人提走。被告人韩国某公司负有直接的责任，尽管不是他们亲自所为，但是他们委托的托运公司的行为违反了海上货物运输合同中，承运人应凭正本提单交付货物的航运条款。依照《中华人民共和国海商法》理应就此向原告承担相应的赔偿责任。

在FOB价格条款下，出口企业应力拒信用证条款中"客户检验证书"之类的软条款，该条款系信用证交易的特别条款，是银行承兑或垫付货款的前提条款。如外商坚持使用"客户检验证书"，出口企业可接受，但在发货前要将"客户检验证书"的印鉴与外商在银行预留印鉴相比对，印鉴比对不一致必须拒绝发货。

采用FOB条款应严格依照现行的《国际贸易术语解释通则》对FOB条款的规定和解释签订贸易合同，谨防落入FOB陷阱。出口企业应熟悉FOB条款，FOB价格条款决定贸易合同的性质。在FOB价格条款下，卖方负责在贸易合同规定的期限和装运港将货物装上买方指定的船舶并通知买方，负责货物越过船舷前的费用和风险，负责办理货物出口手续并取得相应文件，负责提供相关的装运单据。

买方负责订舱租船和支付运费，将船名船期及时通知卖方，负担货物越过船舷后的费用、风险和投保及费用，负责货物进口和收货手续，接受装运单据并按合同支付货款。

6.5.2 使用FOB价格条款存在的弊端

①FOB价格条款如指定船运公司，在船运公司舱位紧张的情况下，不一定保证能订到舱。

对FOB价格条款货物，船运公司通过电脑查出运价低、又不是大客户的，往往不安排箱位。据有的外贸公司反映，当他们在赶交货期时，某船运公司声称没有箱子，需从别处调箱，要增加调箱费用500美金。而此时我方货已备好，如不能及时装运，则意味着与信用证规定不符，因此只好硬着头皮支付高昂的调箱费用。指定船运公司的另外一个弊端就是，往往卖方从备货到付运时间比较急促，而船运公司在港口通常每周只有一个航班，若我方货备不齐，就得等下周才能出运，而延误装运期需买方修改信用证，遇上国际市场起了变化，对方不修正，而我方货已备好，则损失是肯定的了。

②FOB条款合同下更多的是客户指定货代，而不是指定船运公司，这对卖方来讲风险就更大了。

我国出口商使用的FOB条款大多数是进口商要求的，由买方指定境外货代或无船承运人（NVOCC）安排运输，买方往往接受契约承运人（或称无船承运人–NVOCC）提单，托运人、发货人、收货人由买方在L/C中明确。目前使用契约承运人提单越来越多，而对船公司来说，托运人往往又不是货主本身，而是契约承运人，甚至是收货人本身，因此在FOB出口条件下，恶意的无单放货风险越来越大。

有些被指定的境外货代或NVOCC存心不良，与买方合谋串通。大多是以小金额的订单试几票，让发货人感到结汇安全，然后就以较大金额的订单骗货。这里出问题的关键在于契约承运人提单只能提供给卖方作结汇之用，它不是物权凭证，真正的物权凭证——船运公司提单掌握在NVOCC手里，NVOCC凭船公司提单把货提取出来，买方则不去银行赎单，使出口企业货、款两空。也有些客户特意设置境外货代或NVOCC来国内进行骗货。

③在出口FOB合同价格条款下，由买方指定契约承运人安排运输，双方签订运输合同。

由于境外的契约承运人在我国没有自己的网点，也没有实际运输货物的能力，因此该契约承运人又委托我国国内的某货运代理公司作为其装运港代理进行操作，另行向实际承运人订舱运输货物，完成从卖方处接收货物并交给契约承运人的交接过程。

这其中的关键之处就是会出现两份提单。两份提单分别是卖方持有的HOUSE（货代）提单和契约承运人持有的海运提单，分别体现了卖方与契约承运人之间、契约承运人与实际承运人之间两个互相独立的海上货物运输的合同关系。其中真正完成货物运输的海运提单恰恰与卖方无关，而是由契约承运人掌握并借此提取货物；而与卖方直接相关并由其掌握的HOUSE提单虽然为卖方提供了表面上的合同保证，实际却近乎"废纸"一张。买方在货款结算环节（信用证议付）设置圈套，使卖方提交的HOUSE提单等议付单证被银行以单证不符为由退单止付，造成卖方无法结汇；而契约承运人取得货物后，直接将货物无单放货给予其关系"特殊"的国外买方，造成卖方实际上已货、款两空。

在出口FOB条件下发生的无单放货案例屡见不鲜，货主往往是货、款两空。在无单放货的诉讼案例中，出口商基本都是以败诉告终，实际承运人或装运港代理都不承担责任，而承担法律责任的实际托运人，也就是境外契约承运人却已经"金蝉脱壳"，或者根本没有赔偿能力；有时甚至连进口商都找不着，因为有时候根本就是进口商与契约承运人合谋骗货。

6.5.3　两大陷阱：无单放货和无船承运人

FOB条款最容易出现的两个陷阱，一个是无单放货，另一个是无船承运人。这两个问题也是海运外贸业务中经常遇到的合同陷阱问题。正是很多出口商忽略了这两个问题，因此海运贸易商经常因为货物丢失发生纠纷。有些出口企业在收到境外海运公司签发的提单时，从未要求出具提单的船公司或货代公司出具保函，对提单或提单签发所显示的承运人是否合法存在不做审查。

那么在具体实践中该如何来避免这两个问题呢？

（1）无单放货问题

无单放货，又叫无正本提单放货，是指承运人或其代理人（货代）、港务当局、仓库管理人在未收回正本提单的情况下，依提单上记载的收货人或通知人凭副本提单或提单复印件，加保函放行货物的行为。

无单放货发生在国际货物运输中负有承运义务的船东/承运人和提单持有人之间。船东/承运人签发了装船提单，不仅是与提单持有人之间运输合同的证明，而且还是承运人收到货物或者货物已装船的证明和在目的港保证据以交付货物的凭证。承运人必须把货物安全运到目的港并正确交货，才是其履行运输合同的义务。但在船速提高、短航或提单转让过程延迟的情况下，货物一般会先于提单到达目的港，若严格凭单放货导致压货、压船、压仓、压港，造成严重的经济损失以及被强制拍卖或没收的危险时，船东/承运人或其代理人为规避风险，往往会被无正本提单的收货人说服或担保提取了货物。

在当今国际货物运输中，承运人无单放货已成为承运人交付货物的主要形式。那么，在无单提货时，哪些提货人是责任承担主体？又应该负有什么样的责任呢？

通常存在以下3种情况，见表6-3。

表6-3　无单放货人应承担的相应责任

责任	内容
1	合法的提单持有人凭提单向承运人主张无单放货损失的，承运人应当承担因其无单放货行为造成的提单持有人的损失
2	实际承运人实施无单放货行为的，承运人和实际承运人应对合法的提单持有人因此造成的损失承担连带的赔偿责任
3	合法的提单持有人凭提单向实际提货的人提起侵权之诉的，实际提货人应当对其承担赔偿责任

（2）无船承运人问题

在国际贸易中，无船承运人即以承运人身份接受货主（托运人）的货载。同时以托运人身份委托班轮公司完成国际海上货物运输，根据自己为货主设计的方案路线开展全程运输，签发经过备案的无船承运人提单。无船承运人购买公共承运人的运输服务，再以转卖的形式将这些服务提供给货主、其他运输服务需求方。

对于卖方来讲，将货物交给无船承运人运输，比交给传统意义上的承运人运输在手续上要简便得多，而且可省去委托货运代理人这一环节。但由于经济、技术实务不同，无论在国内还是在国外，无船承运人经营业务的范围有较大区别，有的无船承运人兼办货物报关、货物交接、短程托运、货物转运和分拨、订舱及各种不同运输方式代理业务，有的只办理其中的一项或几项业务，如表6-4所列。

表6-4　无船承运人的主要业务

类型	内容
1	作为承运人与货物托运人订立运输合同，签发货运单据（提单、运单），并对从接受货物地点到目的地交付货物地点的运输负责
2	作为总承运人组织货物全程运输，制订全程运输计划，并组织各项活动的实施
3	根据托运人要求及货物的具体情况，与实际承运人洽定运输工具（订舱）
4	从托运人手中接受货物，组织安排或代办到出口港的运输，订立运输合同（以本人的名义），并把货物交给已订舱的海运承运人。在上述交接过程中，代货主办理报关、检验、理货等手续
5	如有必要，办理货物储存和出库业务
6	在目的港从海运承运人手中接受货物后，向收货人交付货物

按照中国海商法的规定，承运人的责任制采用的是不完全过失责任制，如此一来远洋公共承运人享受的不完全过失责任制无船承运人也可以享受，此外还有若干的免责事由可以使无船承运人免于对货物的灭失、损害承担责任。不仅如此，无船承运人还享有承运人的收取运费、留置货物等权利。

但在承运人的法定义务方面，谨慎处理使船舶适航、合理速遣、不进行不合理绕航、妥善谨慎地管理货物等规定，是针对经营船舶的远洋公共承运人而言的，与无船承运人无关。此外，在免责条款中，航行过失、管船过失、船上火灾、海上救助等条款，也是针对远洋公共承运人的，无船承运人由于不实际拥有或经营船舶，就不可能进行上述活动。

6.5.4 避免问题发生的3个关键

那么，如何避免这些问题的发生呢，最关键的一点就是，出口企业尽量规避FOB合同下无单放货，并做到以下3点。

（1）尽量用CIF或CFR条款来代替FOB条款

很多企业为节约出口成本，在与外商签订合同时，会选择FOB贸易方式，尤其是初入外贸行业的企业更喜欢这种方式，因为这种方式将货物的运输权利、运输方式和选择承运人的权利交给买方，卖方承担的义务较少。可也正是对方掌握了主动权才隐患无穷，在运输环节由外商掌握的情况下，往往盲目听从境外贸易买家，及其（国内和国外）代理的指令，将货物实际交给境外买家（或其代理）在装货港的代理人。

因此，在签订外贸合同时，应尽量避免外商指定船公司、境外货代或无船承运人来安排运输货物，把主动权牢牢掌握在自己手里。

（2）客户坚持FOB条款时尽量避免接受指定的境外货代或无船承运人

FOB条款通常是买方指定船公司、境外货代或无船承运人，如果必须以FOB的形式，卖方应在这个环节上把好关。比如，可接受知名的船公司，或者指定其他限制条件，要求对方严格执行，或对指定的境外货代或无船承运人的信誉进行严格的调查，了解是否有我国合法代理人向交通部办理无船承运人资格的手续。

（3）委托我国有关部门对境外货代提单进行审查

要求货主按照我国的货代或无船承运人规定出具保函，承诺被指定境外货代或无船承运人安排运输的货物到达目的港后，必须凭信用证项下银行流转的正本提单放货，否则要承担无单放货的赔偿责任。

只有这样，一旦出现无单放货，才能有依据进行索赔。但不能接受未经我国有关部门批准在华经营货代业务的货代企业或境外货代企业以及资信情况不明的公司签发的提单和运输安排。尤其需要注意的是，在FOB条款下，卖方以交出装船单证证明完成交货义务并取得货款，买方以付款取得装船单证实现提货之权利。

6.6 共同海损与单独海损

在外贸货运过程中，常常会遇到一些人力之外的不可抗拒因素，比如，海上起风、大浪、因天气条件飞机停飞等。

6.6.1 估计意外事件

这些因素很有可能会给卖方或买方造成直接或间接的损失，而在实际业务过程中，由于很多出口商对这些意外事件估计不足，在合同中没有相应的条款规定，事件一旦发生就会产生各种分歧和矛盾，从而影响到正常的交易。

案例分析

2011年5月中旬，马来西亚乙船公司海轮承运某出口公司货物，自槟城港出发，至中国北海港。提单中载明："在运输途中发生货物损失，应属于共同海损，损失根据双方选择的停放港口或地点，按照1974年指定的约克·安特卫普规则来算。"（《1974年约克-安特卫普规则》规定，"即使引起牺牲或费用的事故可能是由于航程中一方的过失造成，亦不影响在共同海损中进行分摊的权利；但这不应妨碍就此项过失向过失方可能提出的任何赔偿要求或该过失方可能具有的任何抗辩。"）

海轮在驶离槟城港前往中国北海的途中，由于货轮主机停转，导致船舶向南漂航，驶入了越南境内。船舶发出求救信号，越南即派出拖轮将船舶拖进金兰湾港，并收取了拖轮费、救助费等费用。船长代表船东发表共同海损声明，宣布共同出具海事报告。

为此，马来西亚乙船公司提出，在这次海轮事故以及造成的费用开销中，属于海损共同事故，应由船货、保险公司各方分摊费用。保险公司和我国甲公司对这份海事报告提出了质疑，反对分摊费用。保险公司也出具了证明，事故不属于不可抗拒力造成的，不符合共同海损合同条款。并认定事故是由于气缸启动阀启动活塞的密封环失去弹性，气密较差而致，本已存在隐患。

遭到拒绝之后，马来西亚乙公司委托中国贸促会按海损处理，并请求法院判令甲公司分摊该共损费用，保险公司承担连带责任，并由两被告承担本案诉讼费用。法院根据《海商法》第193条、第47条以及第197条之规定，判决如下：驳回乙船公司对甲公司、保险公司的诉讼请求。案件受理费由原告乙船承担。

本案是一起典型的共同海损分摊纠纷案。但是这一案例明显不属于共同海损范围，共同海损是指载货船舶在海运途中遇到危难，船方为了维护船泊和所有货物的共同安全，或使船舶得以继续航行，有意和合理地做出某些牺牲或支出的特殊费用。单独海损是指仅涉及船舶或货物所有人单方面的利益损失，两者存在根本的区别。

由于共同海损为共同利益牺牲和费用，如果真属于共同海损，则要分摊。但在这一案件中，乙方明显将共同海损与单独海损混淆了。经检修师检验，货轮隐患在开航前和开航当时已经存在，这意味着船舶在开航前和开航当时是不适航的。

可见，海轮在途中遭受损失的起因是轮船本身的故障，这明显是一个谨慎的专业人员以惯常方法检查船舶所能够发现的缺陷，因而，这属于船舶的潜在缺陷，并非人为原因所为。而在国际贸易中通常有这样一个管理，即由非潜在不可抗拒因素造成的货物损失，买方可免除赔偿责任。

在我国《海商法》的第47条中，也有明确的规定，承运人在船舶开航前和开航当时，有全面检查消除隐患的义务，时刻使船舶处于适航状态。而马来西亚这家船运公司的货轮明显是不适合航行的，相关人员也并没有及时消除这些隐患。所以，马来西亚乙公司应该负有不可免责的过失责任，其损失应由其自行承担。

很明显，乙船公司提出的赔偿要求也是无法得到法律支持的，意在故意将不适航责任推卸到"共同海损"上来，其实，两者存在根本的区别，没有因果关系。

6.6.2　如何界定共同海损

从这个案例中，我们可以看出，在海运过程中，由承运方导致的不可免责过失所致的共同海损，作为买方有权拒绝分摊。那么，在国际法中，对共同海损是如何界定的呢？

① 原因：造成共同海损的直接原因属于意外事故，或者承运人可免责过失与不可免责过失等情况；或为解除或减轻风险，人为地有意识地采取合理措施造成的损失。

② 损失的承担者：共同海损的损失则由受益各方根据获救利益的大小按比例分摊。

③ 损失的内容：包括损失及由此产生的费用。

④ 涉及的利益方：为船货各方的共同利益所受的损失。

共同海损与单独海损的区别在于，见表6-5。

表6-5　共同海损与单独海损的区别

项目	共同海损	单独海损
原因不同	为了解除或减轻共同危险人为地造成的一种损失	承保风险所直接导致的船、货损失
承担的责任不同	由受益的各方按照受益大小的比例共同分摊	单独海损的损失一般由受损方自行承担
损失的内容不同	共同海损则包括损失及由此产生的费用	仅仅指损失本身

单独海损为纯粹意外事件造成的损失，而共同海损则是有意地按照人的安排作出的行为造成的损失（包括特殊牺牲和特殊费用），两者最大的区别在于前者没有人为因素，而后者有人为因素。在本案中，验船师的检验报告及原被告均认可引发共同海损的直接原因是机械故障导致无法启动主机，排除了外来意外事故的原因，属于承运人本身可免责过失与不可免责过失的原因。认定承运人的过失是可免责还是不可免责，这也颠覆了合同中"共同海损"条款的规定。

不过，根据"先分摊后追偿"的原则，无论承运人有无过失，在确定共同海损的情况下，前提是先分摊，只有在分摊以后分摊方才有权就此项过失提出赔偿要求，承运人亦有权抗辩，即使分摊方在分摊前已经提出赔偿请求。

只要承运人是否可免责的过失尚未确定，承运人仍有权要求各有关方分摊共同海损金额，分摊方必须先予分摊。因此，在未确定承运人有无过失的情况下，分摊方对承运人要求分摊共同海损金额是不能进行抗辩的。

6.7 保留贸易往来的书面证据

买卖双方在签订合同之后，由于客观或主观原因经常需要对合同内容进行修改和变更。此时，合同的其他事宜或者贸易安排就不得不随着进行变更，这个过程需要双方通过多个途径进行磋商，最终方案才能出炉。

6.7.1 注意保留证据

值得一提的是，在对合同进行修订和更改的同时，使用的邮件、电话记录、面谈资料等都要存档，妥善保存在此期间的相关书面文件，以免在以后的交易中引起纠纷，从而可以确认债权债务关系和法律责任归属。

然而，很多人忽略了这点，书面证据不留底，不注意保存，为日后可能发生的贸易纠纷埋下了隐患。

案例分析

国内某出口企业甲曾向俄罗斯出口一批皮衣，合同中规定，付款条件为"生产前支付70％定金，30％的余款在收到传真单据7日后支付"。双方签订合同后，甲企业从厦门出发，通过铁路将货物运至阿拉山口，然后再运往俄罗斯。货物如期交付达俄罗斯商人之后，对方却在应付款到期内迟迟不支付剩余的30％余款。付款期一过，甲公司遂向曾投保的出口信用保险报损并提出索赔。

保险公司在处理过程中发现该案存在以下问题：

① 出口合同约定货物价值12027.42美元，而发票金额仅为8514.89美元；

② 出口合同约定价格中包含运费，而形式发票的价格条件为FOB；

③ 买方在应付款逾期曾赴厦门与××达成了口头协议，变更支付方式为"货物出口后30天内支付余款（含被保险人代垫的运费和阿拉山口的滞期费）"。

在后续调查过程中，保险公司证实了甲公司的确应买方要求低开了发票金额，更改了合同条款，并承诺FOB项下由买方承担运费。而甲公司无法提供全部事项的书面证据材料，因此，保险公司不予理赔。

上述实例中，甲公司为什么得不到保险公司的理赔呢？理由就是投保人无法提供买方违约的书面证据，致使遭遇违约金损失。而做低发票金额、更改支付条件等均属于更改合同的主要内容，在贸易双方达成一致的情况下，理应留存书面文件，以便将来发生贸易纠纷时，能够拿出相应证据。但是由于未保留相关书面材料，从而为保险公司确认债权和欠款追讨工作增加了难度。

6.7.2　留存的证据类型

从上述案例我们可以看到，出口企业只需在贸易过程中多个心眼，以各种方式和途径保留贸易过程中的证据，就可以在出险后及时提供有力证明，为挽回损失打下基础。因此广大出口企业，特别是业务操作人员应该重视贸易往来书面证据的留存，吸取其他企业的惨痛教训，积极维护企业的贸易利益。

在更改合同内容导致的纠纷中，贸易双方的往来信函、电子邮件、在线聊天的聊天记录等都可以作为证据留存，不一定必须要求原始的纸质资料，但是一定要保存下来。而在出口贸易的实际操作中，一些出口企业往往只是通过电话就口头约定了合同内容或对其进行修改、补充。而且出口企业认为事后再让买方出具书面证明可能会给对方留下对进口商不信任、不放心的印象，不利于双方贸易关系的维系和发展。

其实，出口商在和买方达成口头协议或收到买方的口头指示之后，完全可以通过邮件、传真、在线聊天等形式和买方再次确认双方洽谈和指示的内容，并委婉表示希望买家能予以书面答复，而这些往来的记录都可以作为证据留存。

6.8　无单提货及其法律责任

在国际贸易中，卖方凭银行保函向承运人、买方供货，正常情况下无正本提单是不允许买方提货的。

在外贸业务中买方提货必须持有卖方提供的提货单。根据我国《海商法》

第71条的规定，"提单，是指用以证明海上货物运输的合同和货物已经由承运人接收或者装船，以及承运人保证据以交付货物的单证。"

提单中明确记载向记名人交付货物，或者按照指示人的指示交付货物，或者向提单持有人交付货物的条款，没有提货单，不允许将货物交给任何人。如果货物由货代公司代运，船长、船公司或其代理人也必须按照提单所载的内容，将货物交付给提单的持有人。

案例分析

> 2015年4月1日，我国某A文化用品公司与美国B贸易公司签订了一份买卖合同，内容是向B公司出口一批塑料文具。在合同中双方约定，以C贸易公司作为承运人，C公司负责将A公司的文具运抵纽约，交付B公司。
>
> 10日A文化用品公司委托美国C运输公司将这批塑料文具运往纽约后，并根据承运人的要求签发了一式三份正本记名提单。4月18日，C公司在指定时间，将货物运到指定的港口，货到目的港后，发现B贸易公司始终没有付款，于是，我国A文化用品公司便与C运输公司展开交涉，计划将货物运回。在交涉过程中，A文化用品公司发现，在18日到货的当天，货物已被B贸易公司凭汇丰银行出具的保函提取。A文化用品公司遂要求美国C运输公司承担无单放货的责任，而美国C运输公司认为应由买方B贸易公司自己承担责任。
>
> 双方协商不成，A文化用品公司遂将C运输公司诉至法院。法院根据我国法律判决美国C运输公司向原告A文化用品公司赔偿所有货款及利息损失。

显然，正是因为C运输公司在未征得托运人同意，又未收回正本提单的情况下，将货物交给非提单持有人的行为，侵犯了A文化用品公司在提单项下的物权，造成A文化用品公司未收回货款而对提单项下的货物失控，依法应当对A文化用品公司遭受的经济损失承担赔偿责任。

提单作为提货凭证，在买卖双方交易中的作用是非常大的，它构成了承运人据以交付货物的保证。是承运人或其代理人签发的货物收据，它证明已按提单所列内容收到货物。提单又是一种货物所有权的凭证，它代表着提单上所记载的货物，提单持有人可以凭提单请求承运人交付货物，本案被告美国这家船运公司就是这样，在未收回涉案正本提单的情况下，凭银行保函将涉案提货单交付给非正本提单持有人，该行为直接侵害了正本提单持有人依法享有的物权，对此必须承担法律责任。

在国际贸易中，尤其是在CIF或者CFR条件下，贸易双方经常会采用跟单托付的交易方式。这种交易方式要求卖方将货物运输到指定的地点，买方依照合同付款。

如果卖方将货物运输后，买方未付款赎单，银行将不会将物权凭证转运单、议付单据证件交付给买方。如果买方以及相关责任人在没有获取正本提单的情况下，将货物提走，卖方的利益将无法得到保证。因为买方常常会因此而拒绝付款或少付款，从而为正常交易带来麻烦。

这些细节都表明提货环节的复杂性，因此，买卖双方在订立供销合同时，一定要明确各方的权利和义务。比如，买方在交易没有结束之前不得将货物转卖给第三方，承运人必须收到买方负责人员会签的保函才能放货等。早在2002年，我国最高人民法院民事审判第四庭就提出《涉外商事海事审判实务问题解答》，该《解答》讨论稿中提出："合法的提单持有人主张海上货物运输无单放货损害赔偿的，应视不同的情况确定承担责任的主体。"

在国际贸易中，承运人在没有收到正本提单的情况下，擅自放货是违规行为，应赔偿由此而造成的损失。除承运人负有相应的责任外，买方则有大部分责任，对于买方而言，这属于无单提货。在上述实例中，美国B公司与C运输公司作为买方，其行为已对A文化用品公司造成了损失，因此B公司与C公司有责任对A公司的货款损失进行赔偿。

承运人必须将货物交给提单上记名的收货人，与此同时还应该收回正本提单。正本提单是发货人发货的唯一凭证，提单的主要意义就在于，合法的提单持有人有权控制和支配提单项下的货物，并可以据此担保债权的实现。收货人凭副本提单加保函向承运人提货。

6.9 迟延交付及其法律责任

在国际贸易中，由于各种原因经常会出现承运人延迟交货情况。迟延交货，在外贸业务中又叫迟延交付，这种行为给买卖双方带来的重大损失，往往难以估量，不仅仅在经济利益上，更严重的是信誉上的损失。

对于迟延交付造成的法律后果，由于依照的法律条款不同，所承担的法律责任也有所差异。如我国的相关法律，国际公约以及其他国家法律之间都存在差异性。

我国对此行为的规定主要出现在《中华人民共和国海商法》中，规定卖方除特殊情况外，不负法律责任；《海牙规则》没有明确规定，而《统一提单的若干法律规则的国际公约》《汉堡规则》等国际公约则有明确规定，必须承担相应责任。

如第二条规定："如果货物未能在明确议定的时间内，或虽无此项议定，但未能在考虑到实际情况对一个勤勉的承运人所能合理要求的时间内，在海上运输合同所规定的卸货港交货，即为延迟交付"，承运人要对延迟交付承担赔偿责任。

赔偿范围包括：行市损失；利息损失；停工、停产损失等。赔偿金额最多为延迟交付货物所应支付运费的2.5倍，且不应超过合同运费的总额。"

借鉴国际公约的经验，我国于1993年调整了新规定，如果出现这种情况，交易双方都应负责任。

案例分析

2010年10月30日，我国某船公司B受A公司委托运送价值5.6666万美元的圣诞礼物至美国纽约港。按照B船公司的船期表，航程需要29天，10月30日发货，应于11月27日直抵目的港。在运输途中，由于班轮在印度洋上遇上风暴，B公司计划在香港中转，预计运达时间需要推迟至12月16日，同时向A公司发电说明情况。

最终该船于12月16日抵达，总共用了48天，比合同中约定的时间晚了19天。由于延迟交货影响了圣诞货物的销售，收货人要求赔偿以弥补损失。为此，A公司以延迟交货为由要求承运人B船公司给予收货人一定赔偿。B船公司举证，做出解释认为在此种情况下不属于延迟交货，对此要求置之不理。A公司根据《中华人民共和国海商法》第56条对B公司提起上诉。

上述案例B方属于延期交货行为，应承担相应的责任，赔偿A的损失。因为B在托运过程中违背了先前的合同条款，晚了19天。尽管事出有因，且将另行约定交货期通知了A公司，在香港中转并符合国际航运惯例，但不能成为迟延交付的理由，拒绝赔偿。

因此，当A在提起上诉后，根据《中华人民共和国海商法》"承运人应当按照约定或习惯的航线将货物运往卸货港"的规定，法院依法对B公司做出赔偿对方损失的判决。

在此次货物运输中，B公司违背了双方在合同中约定的发货期与交货期，且不是直达。同时对"班轮在印度洋风暴"的遭遇无法提供足够的证据，所以对方认为是因为进行不合理的转船造成延误，法院也判定A公司的要求是合理的。

对于延期交付行为，可以根据我国的相关法律给与解释。首先，要明确什么是延期，按照《中华人民共和国海商法》第50条1款的规定，迟延交付是指承运人未能在明确约定的时间，在卸货港交付货物。这个"明确约定的时间"即以承运人公布的时间为准，违背了时间约定即为延期。

其次，要明确判断交货的期限是以什么为准。根据我国《合同法》的规定是以承运人公布的时间为准。如承运人以航行公告（船期表）作为确定合同条款的依据，那么船期表做出的时间约定就是交货的期限。

最后是关于承担法律责任和赔偿问题，尽管我国在《海商法》中有卖方不负延迟支付法律责任的规定，但这也不是绝对的。因为同时也有规定，承运人作为货物的直接运输方，对于延迟交货带来的损失应该负有责任。

如第50条第二款规定，"除依照规定承运人不负赔偿责任的情形外，由于承运人的过失，致使货物因延迟交付而灭失或者损坏的，承运人应当负赔偿责任。"

如第59条明确提出："迟延交付是由于承运人的故意或知道有可能造成损失而轻率地作为或者不作为造成的，承运人必须承担相应的责任。"

正如上述案例中的船运公司B的行为，承运人开始对迟延交货的借口是：想用"不可抗力因素"来免除。根据我国《海商法》规定，承运人援引不可抗力免除赔偿责任的，应当负举证责任，承运人要自己出示佐证，如遭遇风暴，就应当有气息部门资料证明确实有恶劣天气现象，影响到了航行，承运人不能举证就不能免责。

综上所述，关于迟延交付问题，各国的相关规定不尽一致，为避免带来经济利益、信誉上的损失。当事人应熟悉当地的规定，并善于综合运用相关法律、国际公约、国际惯例等来保障自身的合法权益。

第 7 章

开发客户资源

客户是开展外贸工作的"源泉",没有大量的客户资源作保证,产品将无法面向海外市场。但就是在开发客户资源这个问题上令不少外贸人员犯难,相对于内销而言,开发海外客户资源,获取海外订单更为不易。

7.1 利用企业网站开发客户

建立企业网站是外贸企业进行业务拓展、产品宣传、开发客户最直接、成本最低的一种方式。在互联网时代，网络化成为所有外贸企业的发展方向之一，而拥有自己的企业网站是最基本的做法，能最大限度地让客户了解企业，了解企业的产品，增强客户与企业间的沟通。

7.1.1 企业网站的作用

如果一个企业连网站都没有或者做得很差，给客户的印象会是：这不是一个现代企业，是一个跟不上形势的企业。如果网站做得好，给客户的感觉则是：这家企业领导意识先进，技术走在前列，管理科学化、智能化。顾客感觉会完全不同，信任度也会高很多。

关于企业网站的重要性不言而喻，中国有海尔、联想，美国有cisco、dell等，他们通过全球性的网络化管理真正获得了诸多好处。企业网站通过低廉的成本，统一开放的技术平台，简单实用的前端界面（浏览器），把企业信息、产品和服务介绍，以及体现软实力的内部管理、企业文化、经营理念等放到网上，不但可以实现低成本、高效率的管理，还可以大大增强客户的黏性。

企业网站对增强客户黏性的作用体现在多个方面，具体来讲主要包括以下6个方面（通过与catalog对比来阐述）。

（1）可随时更新

这点对于现代企业来说很重要，但传统Catalog很难做到。例如某企业新接到一个大型或有影响力的项目时，一般很少立刻重印catalog，通常一年或更长时间才更换一次，结果就是当客户看到catalog的时候，很多信息是过时的，架构变了，甚至连地址、电话都变了，这不能不说令人遗憾，而网站却可以每天更新（甚至随时更新），可以反映企业的最新情况。

（2）信息容量大

网站的另一个优势是信息量扩充空间大，而传统的catalog则做不到这点。一本catalog充其量做到几十页，但网站却可以做到几百上千页。比如在介绍一个项目时，我们在catalog上最多放上一两张照片，一段简短的文字介绍，但在网站上却可以详细介绍项目的背景、技术难度、施工情况等，这种效果显然比catalog好很多。

（3）不受时空的限制

网站没有时空限制，可随时随地实现沟通。在没有上网环境的情况下还可以下载至笔记本电脑里的e-catalog作脱机演示，或者制作成光碟，派发给客户。事实上现在社会上流行的光碟名片，大部分装的就是企业网站，方便实用，气势非凡。

（4）信息传播更加便捷

网站可以帮助企业寻找潜在客户，如通过网站链接等手段，可以把贵公司的信息传到世界各地，为你找到潜在客户，而catalog却无能为力。

（5）提高企业的知名度和品牌

经过一段互联网的热潮，尽管很多人批评互联网经济的负面作用，但是它在提高企业的知名度和品牌的作用方面是有目共睹的，例如搜狐、新浪、网易等，他们就很好地借助了互联网，把品牌价值做到过亿人民币。

（6）实现与客户的双向沟通

网站可做到真正的双向沟通，超越时空的双向沟通，顾客看到e-catalog后若产生进一步洽谈的意向后可即时联系，有效地留住了产生"购买冲动"的客户，增加了成功的概率。另外，客户对公司的意见或建议也可通过网站得以收集。

对于外贸企业来讲，企业网站就像是"电子名片"，是业务及产品的展示平台，也是体现服务和开拓营销的载体。能直接传达企业形象、经营理念以及对企业品牌重视程度的信息。帮助你及时获取用户信息，快捷实现网络营销。

7.1.2 建立专业化的企业网站

一个好的企业网站应同时具备高端的视觉效果和高超的技术功能，如精美的页面设计、富有创意的功能演示等，都可以提升产品价值，给浏览的客户留下深刻印象；相反，一个低品质或缺乏生命力的企业网站，势必会影响客户对企业的错误定位和合作信誉。

下面我们就来介绍一下如何建立高效的企业网站。

（1）便于搜索的域名

网站的域名就像企业的名字，是区别于其他企业、品牌最显著的标志。建立网站首先必须注册一个域名。在我国申请网站域名需要到网络服务商申请，通过ASP网络服务商来注册一个域名。

域名格式一般是"www.xxx.com"。其中XXX部分是根据自己的意愿来填写，通常由数字或英文字母组成。一般情况下，以自己企业的名字或者能立即被客户记住、引起客户兴趣的为准。值得一提的是，申请时一定要到国家电信部门正规授权的网络服务运营商进行注册。有了这个地址在世界上任何一个角落都能看到你的网页。

（2）大容量的虚拟主机

虚拟主机，是用来存放网站上的网页内容，比如，上传的产品图片、产品文字介绍等。按照正常的容量，租用一个容量在100M左右的即可。对于一个平面网页，这个容量可以存放数千张普通图片和百万字的介绍，足可以保证一个外贸公司的需求。如果建立数据库的话，则需要更大空间。

当前，有很多提供注册域名的正规网络服务商都可以提供虚拟主机租赁服务，比如有名的中国资源网就可以寻找到很多这样的服务商。

（3）绑定电子邮箱

有了域名和虚拟主机，通常还需要提供一个电子邮箱，这个电子邮箱是域名专有的，通常以自己企业名字或其他名称为后缀的电子信箱。其实，为了方便还可以设置更多的电子信箱，分给你的下属或同事使用，后缀名一样而前缀不同。至于具体的设置办法，在申请域名时，ISP服务商会详细介绍。

（4）进行个性化的网页制作

一个网站通常由多个网页组成，而网页的制作，可以委托ISP网络服务商来制作，也可以自行聘请专门的网站设计制作公司来做。

完成以上4步之后，一个企业网站就初具规模了。关于费用问题，如果仅仅是平面网页开支并不大。在当前的市场中，域名和主机两项加起来每年的费用也不会太大。至于网页的制作，则根据内容的多少和复杂程度有所不同，通常在几百到几千不等。

7.1.3 企业网站如何吸引客户

有了网站并不一定就能吸引客户，实际上目前大多数企业都拥有自己的网站。可是，却有很多人抱怨网站没有给他们带来明显的效果。为什么会这样呢？其中最关键的原因是没有把网站做"活"。网站是死的，人是活的，外贸人员一定要想办法把网站做活，善于利用网站来推广自己的产品。

只有让世界各地的客户找到你的网站，并且对网站感兴趣才能扩大企业的影响力，那么，如何来利用网站做好产品宣传呢，可从以下4个方面入手。

（1）大力宣传企业网站

欲想让客户了解你的产品，首先要让对方知道你的网站。宣传网站的方式有很多种，无论是报纸杂志、传真、电子邮件、名片等传统媒体广告，还是微信、微博、QQ、搜索引擎等自媒体上都可以链接企业网址。这里重点提一下搜索引擎，网页在某个搜索引擎排位越靠前，越容易被搜索到，因此，不妨在某搜索引擎网站做一个搜索排名。网站建立起来以后，一定要利用一切机会来做推广。

（2）网站上的内容

网站的目标人群就是我们的潜在客户，企业网站的内容一定要针对目标客户群，只有让客户群知道了你的网站，才能更多地了解你的产品。这就需要在内容设计上有针对性。外贸业务针对的是外国客户，因此，文字表达至少要有中英文两种语言，甚至为方便非英语国家的客户更好的访问，还需要有更强的针对性。如果你的产品有特定的客户群，比如产品基本销往日本，那么就要专门添加日本版产品介绍。

（3）拟写醒目的网站名称

名称对于一个企业网站来说十分重要，很遗憾，这恰恰是目前大多数企业网站所忽视的。有很多企业仅仅把企业的名字作为网页标题，殊不知对于一个国外的客户而言，这是起不到任何吸引力的。比如，一个以生产纺织品为主的企业，其网站的名字是"天地贸易公司"，这样的名字多半会被客户忽视。如果改为"天地纺织品厂"效果则会更好些。因为客户的焦点在纺织品上，而不是在公司上，这样客户在面对几十万网页选择的时候，选你的机会就大些。

（4）抓住核心内容

很多网站各种功能齐全，配有华丽的字句，炫目的动画效果等。但其实，网页上的内容并不是越多越好，越华丽越好。因为外贸网站最大的特点，就是访问者大多都是国外的客户。由于各个国家技术上以及人为的原因，网络的访问速度都不太一样。网站越复杂，访问速度就越慢，打开页面时出错的可能性也越高。而大部分人不会耐心等待，毕竟只是初步收集市场信息，几秒钟或几十秒钟失败后就会放弃。因此一个网站与其包括多个网页，不妨细致些分别针对每个网页设定产品名称标题。

其实，在经营管理网站上还有很多小技巧，比如，经常更新和扩充网站内容，转变网站的功能，从单纯的产品销售平台上升为行业资讯传播的平台。同时，与行业网站建立联系，相互链接推荐，也能极大地提高访问量。

网站内容的设计、详尽程度上要把握好，既不能太单调，又不能太过事无巨细，面面俱到。毕竟网站的最终目的不是向客户展示网页有多华丽，而是通过抛砖引玉，吸引客户访问浏览，然后再通过其他方式为他们提供产品或服务。

7.2 利用B2B平台开发客户

7.2.1 B2B平台模式及发展趋势

B2B是电子商务的一种模式，英文缩写Business-to-Business，即商业对商业，或者说是企业间的电子商务，便于企业与企业之间通过互联网进行产品、服务及信息交换。

运用B2B模式建立起来的网站或平台则成为B2B平台，在互联网运用越来越普遍的今天，此模式已逐步成为外贸企业与海外客户业务来往的主要方式。因此，外贸业务人员在开发客户资源方面要善于利用这类平台，拓展线上客户资源。

> 阿里巴巴是典型的B2B模式，即企业对企业之间的一种营销关系，因此它很多时候充当的是一个中介性的平台。这种平台最核心的工作就是为客户提供完善、周到的服务。一是维护好自己的平台，二是要为客户提供满意的服务。在充分调研企业需求的基础上，将企业登录汇聚的信息整合分类，形成网站独具特色的栏目，使企业用户获得有效的信息和服务。
>
> 阿里巴巴与大量的风险资本、商业合作伙伴合作，专做信息流，汇聚大量的供求信息。据悉，阿里巴巴提供的信息囊括了27个行业700多个产品分类，50万条供求信息，从而构建了一个系统的、完整的网络贸易市场。

阿里巴巴的B2B模式是从纯粹的商业角度出发，这种运营模式在阿里巴巴集团的发展历程中发挥了重大作用，取得了巨大成功。

B2B是电商团队中最普遍的一种运营模式（Business To Business的简称）。是企业对企业之间的一种交易，服务对象主要是企业、团体或社会组织，体现的是企业与企业之间的一种买卖关系，如图7-1所示。

图7-1　B2B运营模式示意图

通过平台（B2B网站）将企业内部网与客户（买家）紧密结合起来；然后通过网络传播速度快、范围广等优势，为客户提供更好的产品或服务。例如，产品展示、新闻资讯、商户信誉认证担保、供求信息、交易担保等服务。通常来讲，B2B平台由六大服务模块组成，平台主要功能如图7-2所示。

图7-2 B2B平台的六大模块设置

7.2.2 B2B网站的作用

目前，B2B平台最成熟的模式就是B2B网站，如慧聪网、环球资源、敦煌网、焦点科技等。B2B网站使企业之间的交易减少许多事务性的工作流程和管理费用，降低了企业经营成本。

传统企业间的交易往往要耗费企业的大量资源和时间，无论是销售、分销还是采购都要占用产品成本。通过B2B平台买卖双方能够在网上完成整个业务流程，从建立最初印象，到货比三家，再到讨价还价、签单和交货，最后到客户服务（如图7-3所示）。

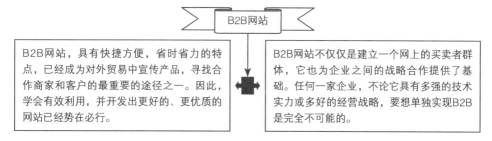

图7-3 B2B网站

网络使信息通行无阻，企业之间可以通过网络在市场、产品或经营等方面建立互补互惠的合作，形成水平或垂直形式的业务整合，以更大的规模、更强的实力、更经济的运作真正达到全球运筹管理的模式。

7.2.3 B2B平台的类型

B2B网站一般分为免费和收费会员制两种。免费很简单，只要申请开通，注册相关信息，如公司名称、地址、公司简介等基本信息即可。美中不足的是登陆免费网站其功能也是有限的，一般只可以发布贸易消息、产品广告或者浏览其他商家发布供应的信息等。

因此，要想更多更好地利用这些网站，还必须成为它的会员，会员通常都是付费的。付费会员享受的服务更为完善，可以得到其他商家的供求信息，或者发布人的具体联系方式，直接与之接洽等。

因此，如果打算把B2B网站作为纯粹发广告的地方，用免费会员就足够了；如果想主动出击，寻找到更多的客户信息就必须申请成为该网站的付费会员（见图7-4）。

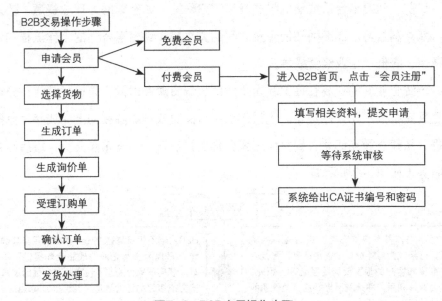

图7-4　B2B交易操作步骤

值得注意的是，注册成为B2B收费会员需要承担一定的风险，一方面是费用高；另一方面是提供信息的可靠性。在费用问题上，规模较大的网站收费通常都在千元以上，甚至数万元不等；在信息的可靠性方面也需要斟酌，因为有些网站上提供的信息可靠性比较差，我们都知道网上的信息是辗转流传的，尤其是一些新成立的B2B网站，为了迅速扩大规模和影响力，会从其他网站"抄"资料，包括你的供求信息。毕竟这些信息是各国商人自己发的。因此，是否需要申请成为付费会员需要特别谨慎。

7.2.4 如何选择优质B2B平台

近年来国内B2B平台发展很快，逐步趋于成熟，除阿里巴巴外，国内已经涌现出很多B2B平台。例如，慧聪网、环球资源、敦煌网、焦点科技、网盛生意宝等。根据"我爱B2B"网站，对国内目前最有名气的10大B2B平台做出了排名，阿里巴巴B2B的品牌影响力最强，排名第一，其次是慧聪网和金银岛，分别位居第二、三名，如图7-5所示。

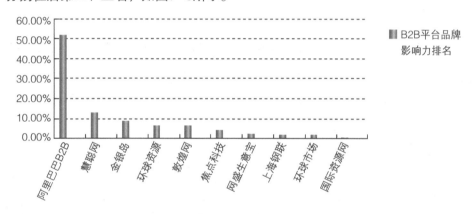

图7-5 国内最有名气的10大B2B网站

那么，如何来寻找那些优质的、有效的B2B网站，优质网站又有哪些特征呢？

（1）看信息反馈量及准确性

既然B2B是进出口商发布供求信息的平台，自然信息量是多多益善，但难免有些人会在这些平台上乱发一通。而这些信息不一定都是有用，因此在用之前，就需要验证这些信息的有效性。

这里有一个有效的方法，即与发布信息的人沟通，或者对对方发布的信息提建议，然后看信息反馈的及时性。因为好的网站总会配以好的服务，当你跟发布信息的人沟通之后，对方会回复你的问题和意见，或将一些与产品有关的资料发给你。这些反馈信息的多少，以及反馈的准确性就是衡量一个B2B网站价值的重要依据。

（2）看信息的更新速度

通常来讲，网站上的信息都有一个时间上的规定，过期则自动删除。因此好的网站每隔一段时间都需要对所登的信息重新更新或者整理评估。

在选择网站的时候，应挑选那些定期更新或更新比较快的网站进行访问。一些规模较大，正规的B2B网站，甚至会免费提供企业网页，用于详细介绍该公司和产品。

（3）看平台的售后服务

知名网站不仅仅能为会员提供有用的信息，而且还会配有优质的售后服务，比如，协助你建立更完善的网页，替你集中发布广告，把你的公司和产品介绍添加到他们印刷的精美广告杂志中去，或者在国际各个著名的交易会与博览会中散发等。

这些额外的服务无疑会帮助你找到更多更好的客户。因此，在选择网站的时候一定要注意这方面，看网站能否提供恰当的服务。

以下是国际贸易中亚洲市场和欧美市场B2B网站表现出的优劣势及对比图，如图7-6和图7-7所示。

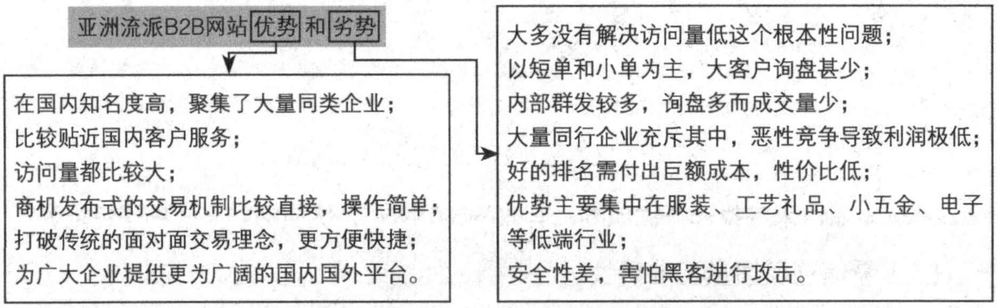

亚洲流派B2B网站 优势 和 劣势

在国内知名度高，聚集了大量同类企业；
比较贴近国内客户服务；
访问量都比较大；
商机发布式的交易机制比较直接，操作简单；
打破传统的面对面交易理念，更方便快捷；
为广大企业提供更为广阔的国内国外平台。

大多没有解决访问量低这个根本性问题；
以短单和小单为主，大客户询盘甚少；
内部群发较多，询盘多而成交量少；
大量同行企业充斥其中，恶性竞争导致利润极低；
好的排名需付出巨额成本，性价比低；
优势主要集中在服装、工艺礼品、小五金、电子等低端行业；
安全性差，害怕黑客进行攻击。

图7-6　亚洲流派B2B网站的优势和劣势

访问量基本来自海外，以欧美为主，遍及全球；
都在传统出版和展会等商业信息领域具有悠久历史，有深厚的基础和极高的声誉；
聚集了国外高端买家和商务人群，询盘质量高，一旦形成交易就会是长期稳定的合作；
交易方式规范，注重品牌和信用，提升企业的长久竞争力；
商务查询和品牌、产品展示宣传手段丰富；
平台建设技术先进，服务深入，数据准确可靠。

欧美流派B2B网站 优势 和 劣势

在国内知名度不高；
专业化程度较高，使用比较复杂；
直接询盘比较少；
交易过程较长。

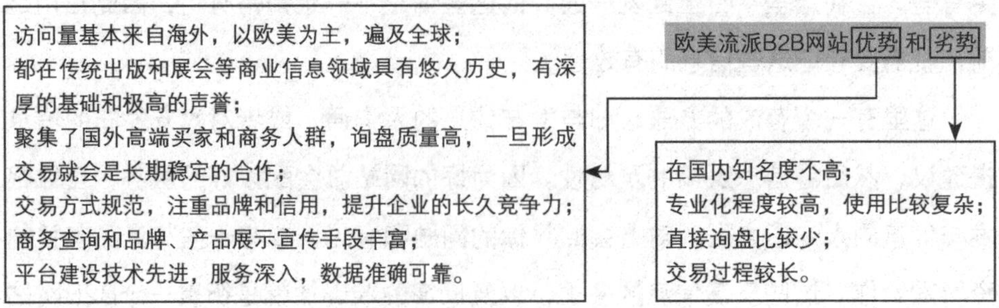

图7-7　欧美流派B2B网站的优势和劣势

7.3　利用搜索引擎开发客户

现在网络功能非常庞大，汇聚着四面八方的最新信息。通过互联网，你需要什么信息只需要在搜索引擎上输入相关的文字即可，假设你是一个采购圆珠笔的客户，打算在网上寻找供应商，通常会在搜索引擎，比如Google中输入"圆珠笔"来尝试搜索，很快就可以搜索出大量的相关信息。

7.3.1　搜索引擎工具的优势

搜索工具可以提高准确性，因为每个网站中都会提供很多与信息有关的图片、详细联系方式等，这些能让你更容易得到自己需要的信息，通过筛选后成为你真正联系询问的对象。

信息为什么会在网络上如此快地传播？

这主要是源于现代互联网技术的发展。信息在互联网虚拟世界中的传播是几何式的，当你在各个贸易网站发布信息之后，在很短的时间内，你会惊喜地发现，很多从未去过的网站也会出现你的广告信息。

比如，一位圆珠笔的供应商，只要在自己注册的网站上发布关于圆珠笔的供求信息，在其他网站上立刻可以见到关于圆珠笔的各类知识与新闻，当然，其中大量的信息与贸易无关，这是因为被列出来仅仅因为出现了这个词，这也是网络信息的不足之处，在向你提供大量信息的同时，也需要你花大量时间和精力去挑选。

但是，对于大多数进出口商来说，没有那么多的耐心和精力去翻阅几十万个网页。

通常来讲，最有可能被选中的都是排列在名单前几页的信息，以及那些标题醒目的信息。因而，利用网络来寻找客户，最关键的是要做好筛选工作。做好筛选首先就是要利用一个强大的搜索引擎。

在B2B网站上发布Trade Lead（供求信息），首先要选准行业范围，否则将"圆珠笔"产品广告发布在五金工具类中显然是驴唇不对马嘴，白费工夫。

写Trade Lead的时候，要简洁、鲜明、突出优势、强调特点，比如质量特别好，或者价格特别低，或款式特别新等，争取在一大堆同类产品的广告中脱颖而出"吸引眼球"。

此外，绝大多数的B2B网站不允许在Trade Lead中的信息栏公布自己的联系方式——联系方式有专门的栏目填写，由网站保密，仅提供给付费会员查阅。注意不要违规，否则会被删除的。

Google作为搜索引擎的老大，在外贸中，它的网页搜索和图片搜索功能最为强大，已经成为外贸商首选的"必杀技"。网页搜索引擎可以为进出口商提供更为具体的信息内容，图片搜索可以提供相关的内容图片，从而使信息更详细，也能更快的找到相关内容的网站。

7.3.2 使用搜索引擎的诀窍

通过搜索引擎直接找到客户，已经成为进出口商的首选，而如何灵活地使用搜索引擎是制胜关键，使用Google是有诀窍的，那么这些诀窍是什么呢？

（1）关键字法

在发布产品的时候，所有平台都提供了一个让客户自己选择添加关键词的地方。注意要选择精准的词，买家可以更快地找到你。

选择适当的关键词，直接查找潜在客户发布的求购信息。所谓"关键词"，指的是对你将要寻找的信息最精炼的概括，同一条信息利用不同的关键字搜索，其得到的结果也是有区别的。

"我们以销售棉布为例，你的目的是销售棉布，把棉布卖出去。你可以以"销售棉布"为关键词，也可以"销售 棉布"为关键字，两种关键字看似没有太大的区别，但是前者是一个关键字，后者是两个关键字，在利用Google时所得到信息也不一样。

直接用关键词去寻找供求信息，自然比通过专业网站去寻找得到的信息更多、更专业也更详细。值得一提的是，选择关键词的时候，在搜索同一条信息时，应该多尝试着使用不同的关键字来搜索一下，不妨用同义词或近义词。因为中文词汇丰富，每条信息的描述方式不同。

（2）排名优化

排在越靠前的产品越容易被发现。最简单的办法是对已经发布的产品不变更内容，而是进行重新发布，定期更新产品。再就是内容要专业，关键词要精准，对排名优化也很有帮助。

（3）对B2B网站部分信息进一步挖掘

在B2B网站里可以看到大量的销售或求购信息，正如上一节所提到的，看到的这些信息通常或者是不够完全，或者是不够真实，总之，总会有这样或那样的缺陷。

这时，就需要根据已经显示的信息，利用搜索引擎去寻找。比如，知道了公司名称而不知道联系方式，那么以这个公司名称作为关键词去搜索，当你把公司的名称输入进去之后，就很有可能得到这个公司的网站或更详细的信息，那么自然就可以获得其联系方式了。

这也为我们提供一种寻找客户信息的方法，根据求购信息的只言片语去搜索。通过这些"只言片语"，就可能找到其他一些公布了联系方式的相同信息，从而在一定程度上避开了B2B网站对联系方式的限制，让你抓住客户。

（4）搜集企业网页，逆向利用

在国际贸易中，在网站上发布信息的大都是批发商、零售商，他们发布信息主要是销售货物，但是反过来想，他们在销售货物的同时也需要购买货物。这是逆向法的关键。

平时可以多搜集一些客户企业网站或者销售商家，尽管他们没有发布求购信息，但你可以暂时把他们存起来，或者与他们沟通看他们是否需要货物。通常来讲有销售就肯定需要货源。

事实也证明，这样的机会还是很大的，因为他们虽然有固定的货源渠道，但为降低风险，择优比较，多数买家并不介意多寻找一些合作的供货商。更何况，很多产品虽类别一样但款式不同，完全可以利用自身产品的优势，主动向他们推荐。

显然，寻找这些在自己的网站或其他网站上销售产品的客户，比寻找求购者要容易得多。

（5）横向法

横向地开拓产品外延，争取交易机会。外贸业务中，有很多专业性不太强的产品，比如，工艺品和家居日常等。这些产品属于消费品类，其潜在客户面是相当广的。

如果我们获得一个客户信息，即使他需要的产品与我们的产品不对口，但只要类别接近，无论是产品功效还是材质，都不妨一试，比如向求购木相框的客户推荐金属相框，向玻璃杯的买家推销彩绘玻璃碟等。值得注意的是，对于这类客户不宜操之过急，因客户已有预计的采购项目，急切反而会引起反感。最好是采用比较平和地提供建议和资讯的方式，只做介绍不急于成交，如果客户能主动提出进一步了解的要求，那就成功了一半。

在外贸中，有"Trade Lead"说法，即在Google中输入某个关键词，可以找到更多的相关信息。全世界B2B网站都大同小异，因此，写好一份Trade Lead保存，可以节省很多时间，届时照着copy即可。

7.4 参加外贸交易会开发客户

对于外贸企业来讲，参加各种专业性的展会是获取客户的有效途径。这种开发方式的优势在于双方可以进行面对面的交流，获取到的客户资料会更可靠、更有效。同时，由于展会通常是以产品展览为媒介，可把目标客户聚集在一个特定场合内，很多时候还可就合作的项目和产品展开更深入的交流。

7.4.1 外贸交易会，面对面沟通更有效

几十年来，广交会已经成为中国出口厂商走向世界的主要通道。每年的4月和10月各召开一次，每次都按照行业划分两期，每期5天。在这5天时间里，来到这里的出口商会在平均9平方米/间的摊位上展览产品，以吸引世界各个国家和地区的进出口贸易商前来参观和洽谈。

不过，参加广交会的门槛很高，以沿海地区为例，只有上年度成交额达到一定额度的外贸企业才有资格向当地外经贸部门提出申请。

通常来讲，企业参加一次的费用也相当高，动辄数万甚至十几万，规模大些的集团企业花费百万，不过广大的中小型企业，为降低费用可以采用与有资格参展的外贸公司联营的方式涉足，当然也可仅以参观者的身份进去，了解行情动态。正因为参加的成本较高，反过来也彰显了广交会的含金量，客户较为信任。

案例分析

外贸行业影响力最大的广交会，即广州交易会，每年有两次，分别于春秋两季在广州进行。尽管参会资格门槛很高，费用昂贵，但每年仍能吸引来自全世界各地的贸易商。

自1957年春季创办以来，距今已有近60年的历史，是中国本土历史最长、层次最高、规模最大、商品种类最全、到会客商最多、成交效果最好的综合性国际贸易盛会。从2007年4月15日第101届起，广交会由中国出口商品交易会更名为中国进出口商品交易会，由单一出口平台变为进出口双向交易平台。

近几年在国际上的影响力也越来越大，每次都有数千家资信良好、实力雄厚的外贸公司、生产企业、科研院所、外商投资、独资企业、私营企业参展。

同时，交易会贸易方式灵活多样，除传统的看样成交外，还举办网上交易会（virtualexpo, online exhibition）。广交会以出口贸易为主，也做进口生意，还可以开展多种形式的经济技术合作与交流，以及商检、保险、运输、广告、咨询等业务活动。来自世界各地的客商云集广州，互通商情，增进友谊。

其实，除了大家熟悉的广交会，在世界各地每年都会举行大型的交易会，为世界出口商的交易提供了广阔的平台，这也充分展示了大多数贸易商对交易会的重视。因为参加交易会本身有很多优点，比如，当场展示实物样品，直接洽谈价格和交易细节。这些都是促进贸易的有利条件，也是网络交易所不具备的。

可见，在外贸会上开发的客户往往更容易转化为合作者。如果好好利用每次交易会，不但可以让外界更多地了解自己的产品，还可以积累丰富的客户资源。利用展会搜集客户资源时，重在面对面地沟通，沟通工作可分为三个部分：

（1）展前邀请

可以通过网站公告板及发送邮件的形式告知客户自己的参展信息，欢迎新老客户前来展位详谈。

（2）展中接待

展会中最重要的就是发掘优质客户，收集客户名片。建议每一位业务员准备一个记录簿（现在已经很少有人用了）、一支笔、一个订书机，一个计算器，接待的每一位客户都在记录簿中简要记录其相关的情况，关注的产品编号，然后将卡片装订在当页。对后期联系客户可起到事半功倍的作用。另外展会中派发的名片，避免只印单面，背面可加印公司产品名称和图片。

（3）展后联系

当天的客户当晚可及时发送一封邮件，酒店一般都有网络，客户晚上会看，你的邮件会加深客户的印象，这时就可将白天的记录用上。当客户失去印象时，你的邮件就和普通的开发信没有区别了。

邮件的标题尽量简短，可以尝试RE：+产品名称，重点客户可邀请去工厂观看。待展会结束，客户回国休息几天后，可再次邮件或电话联系。一般展会客户下单时间为3~5个月，甚至时间更长。结合客户的网站和客户展会上关注的产品，保持一个长期的联系很重要。

7.4.2　参加外贸交易会的注意事项

参加不同的展会，举办方都会设立不同的参展资格。也就是说，在参展前首先得取得参加该展会的资格。尽管要求不同，但大部分参展都会对参展人员有几个最基本的要求。经总结，通常来讲需要注意以下事项。

（1）提前取得参会资格

按要求参展单位和人员在参加各类展览会前，必须取得参展资格。

那么参展资格都包括哪些呢？

在国际贸易中，按照惯例，参展企业必须是具有外经贸经营权的各类企业、生产企业和外商投资企业。参展人员必须应是主管业务的领导和懂外语的业务人员，展团组每个标准摊位人数一般不超过两人。

如果是赴国外参展、办展活动，还需要经外经贸部审查批准。

（2）审批程序

具体审批程序采取预审和终审两种形式：预审是对主办单位开展前期准备工作的审批；终审是根据审批条件，视准备工作情况予以许可的审批。

终审材料包括：参展单位名单；展品大类清册；经费收支、国（境）外协办单位情况（背景材料）；资信情况、展览服务能力等。

外经贸部在材料收到之日起1个月内决定是否给予正式批复。主办单位在得到外经贸部正式批复文件后方可开展对外的实质性工作，如发布办展信息、承诺或签订协议，以及办理出国（境）的有关手续等。

具体的申请流程如图7-8所示。

- 申请单位向驻外使领馆提出申请，并提交申请报告。
- 申请审批合格后，外领事馆会将下年度出国（境）参加国际博览会、国际经贸展览会的计划报送中国贸促会。
- 各省、自治区、直辖市及计划单列市外经贸委（厅、局）以省、区、市名义举办的出国经贸展览会，报送外经贸部（发展司）汇总后统一交中国贸促会协调。
- 外经贸部于展会举办前将预审通知书批复给各主办单位。
- 各主办单位凭预审通知书进行招展的准备工作，并于开展前3个月将终审材料报外经贸部审批。

图7-8　申请流程

值得注意的是，申请单位一经得到外经贸部正式批准，就必须严格执行，不能任意更改。并在展览结束后1个月内将赴国（境）外参展、办展活动的总结报告报送外经贸部，作为下次审批的参考。另外出国展团在人数上、外停留天数上做了严格控制。根据国务院出台的禁止利用公费出国旅游的通知的有关精神，办展单位应严格按外经贸部正式批复核准的人数和在外停留天数办理有关手续，不得擅自增加。这些特殊规定也在某种程度上提高了展会的质量。

可见，虽然依靠网络开发客户的机会越来越多，但是利用传统的交易会，由于更直接，效果更集中，仍是很多进出口商开发客户的一种主流形式。

7.4.3　参展中如何与客户交流

举办展示会的销售员应在第一时间了解周边的环境，熟悉自己的客户，利用地利的因素，明确客户从哪个方向来，会去什么地方，站在哪里最醒目等，真正做到耳听八方，眼观六路。

会展销售与其他销售存在着很大区别，由于受到时间、空间的限制，参加会展的人员必须符合一定的条件，包括参展商、客户、用户和其他相关人员。机会是给有准备的人。因此在会展举行之前，参展人员提前做好参展准备工作是必不可少的。

具体的准备工作如下。

（1）了解展会规模，查看当地市场

根据了解的情况进行评估，写出"市场分析报告"，通过以下几个维度去选择适合公司的展台、制定营销策略：大客户参加的展会；主要竞争对手参加的展会；以往参展商名录；展会主办方的实力。

（2）了解客户

一定要对参展客户有充分的了解；正式邀请客户；了解客户参展人数；了解客户参展的主要目的；针对环境准备好沟通话题、拟好自己想询问客户的问题。

与客户聊天，找到共同话题，是推进客户信任自己的一种非常有效的方式。当人处于一个陌生的环境时，普遍都有一种莫名的恐惧、心不落地、惴惴不安的感觉。参加展会的客户往往就是处于这种状态，由于对周围的环境不熟悉而觉得不安全，这个时候，销售员如果能主动去接近客户，他们的内心就会瞬间有种依靠感。

（3）了解产品

对公司情况、工厂情况、产品情况等要有相当的了解；不了解的，甚至需要提前到工厂车间第一线去，亲身参与产品生产，和普通工人交朋友，不耻下问，以熟悉产品、了解生产流程及质量检验的具体要求，并且待的时间越长越好。

对公司业务操作流程、工厂业务操作流程、产品生产流程等要有相当的了解。尽可能多地翻阅公司之前的资料档案，以了解业务流程及老客户的订货价位、订货特点、对货物的具体要求，习惯的贸易方式、付款方式、运输方式等，以及老业务员对待客户要求的方法及措施，和函电回复的方式。

（4）样品演示

样品演示，让客户实实在在地体会一下公司的新产品。这一环节是展会销售非常重要的阶段，也是促成销售的最后阶段。

案例分析

　　会议结束后，我把黄总带到了演示机前，并为他预约了一位工程师，然后，工程师去安装带来的演示用的产品，包括他们可能关心的笔记本、台式电脑和服务器。这次演示给黄总留下了不错的印象。在最后演示的时候，他表示对公司的超轻超薄的笔记本有兴趣。

　　利用会场气氛，让客户参与到产品互动中去，是展会上形成促销的主要手段。因此，销售员必须学会调动客户情绪，让他真正地融入其中。

第 8 章

转型跨境电商

我国的电子商务发展迅速，促使传统外贸向电商方向转变与升级，一批电商企业和从业人员应运而生，这都为外贸活动开辟了更大的空间。跨境电商的出现就是一种新趋势。新形势下传统外贸企业必须向跨境电商转型，充分利用互联网优势，挖掘线上资源。

8.1 跨境电商风起云涌

跨境电商是基于电子商务和互联网发展产生的一种新商业模式，是指通过电子商务平台达成交易、进行支付结算，并通过跨境物流送达商品、完成交易的一种国际商业活动。

8.1.1 跨境电商的特征

在中国外贸渐显疲态之时，跨境电商却风风火火，成为进出口企业、代售等大力追捧的对象。无论是企业还是个人都在纷纷抢占跨境电商市场。据中国商务部预测，在2016年后未来的几年里，跨境电商占中国进出口贸易比例将会提高到20%，年增长率将超过30%。

2015年是跨境电商发展最快的一年，自年初的政策红利逐步放开后，海内外电商巨头、创业公司、传统零售商、物流服务商、供应链分销商等纷纷入局，跑马圈地，一时间混战四起，仅仅用"火"字来形容恐怕已经远远不够。

案例分析

> 2015年4月深圳前海蛇口自贸片区挂牌成立，各企业纷纷借自贸区"东风"，开设跨境电商体验店。包括腾邦跨境电商体验店、华润万家旗下"e万家"、天虹跨境电商体验店、星辰电商和联银开心购等。目前，各店保税商品的品类集中于食品、母婴用品、日用化妆品等。
>
> 此前在第一批试点城市深圳早已上演一波又一波跨境电商热潮。天虹首家跨境电商体验店在2015年7月31日正式开业。该店内商品分为完税商品和跨境商品（保税），分别占比70%和30%，完税商品由全球直采，顾客可现场购买直接带走。
>
> 2016年年初，沃尔玛宣布，在其App上推出覆盖全国范围的跨境电商服务"全球e购"，承诺所售商品不仅有正品和价格优势的保证，还享有实体店一样的退货服务。可以说，沃尔玛是最新加入跨境电商战团的零售巨头。

这说明，跨境电商已经成为一种趋势，在互联网、移动互联网大力发展的背景下，势必取代传统外贸，成为外贸活动中主要的一种商业活动形式。

跨境电商是基于互联网发展起来的，如果说传统外贸始终处于一种静止的"物理空间"的话，那么，互联网时代下这种多维度、全方位的电商外贸模式给外贸业务带来的发展空间更大，这种空间可称之为网络空间。网络空间独特的价值标准和行为模式深刻地影响着跨境电子商务，使其不同于传统的交易方式而呈现出自己的特点。

跨境电商具有如下特点。

（1）全球性（global forum）

网络是一个没有边界的媒介，具有全球性和非中心化的特点。因而依附于网络产生的跨境电子商务也具有全球性和非中心化的特性。电子商务与传统的交易方式相比，一个重要特点就是无边界性，摆脱了传统交易的地域限制。互联网用户不需要考虑跨越国界就可以把产品尤其是高附加值产品和服务提交到市场。网络的全球性特征带来的积极影响是信息的最大限度的共享。任何人，在任何时候、任何地方都可以相互联系进行交易。

在这种远程交易中，网络扮演了代理中介的角色。在传统交易模式下往往需要一个有形的销售网点的存在，例如，通过书店将书卖给读者，而在线书店可以代替书店这个销售网点直接完成交易。

（2）无形性（intangible）

网络的发展使数字化产品和服务的传输盛行。而数字化传输是通过不同类型的媒介，例如数据、声音和图像在全球化网络环境中集中进行，这些媒介在网络中又是以计算机数据代码的形式出现的，因而是无形的。以一个email信息的传输为例，这一信息首先要被服务器分解为数以百万计的数据包，然后按照TCP/IP协议通过不同的网络路径传输到一个目的地服务器并重新组织转发给接收人，整个过程都是在网络中瞬间完成的。电子商务是数字化传输活动的一种特殊形式。

基于此外贸活动也必然具有无形性，传统交易以实物交易为主，而在电子商务中，无形产品却可以替代实物成为交易的对象。以书籍为例，传统的纸质书籍，其排版、印刷、销售和购买被看作是产品的生产、销售。然而在电子商务交易中，消费者只要购买网上的数据权便可以享用书中的知识和信息。

（3）匿名性（anonymous）

由于跨境电子商务的无形性、非中心化和全球性等特点，因此很难识别电子商务用户的身份和其所处的地理位置。在线交易的消费者往往不显示自己的真实身份和自己的地理位置，重要的是这丝毫不影响交易的进行，网络的匿名性也允许消费者这样做。在虚拟世界里，人们在这里可以享受最大的自由。

值得注意的是电子商务交易的匿名性也有很多缺点，如导致逃避税收现象的恶化，使避税更轻松易行。电子商务交易的匿名性使得应纳税人利用避税地联机金融机构规避税收监管成为可能。电子货币的广泛使用，以及国际互联网所提供的某些避税地联机银行对客户的"完全税收保护"，使纳税人可将其源于世界各国的投资所得直接汇入避税地联机银行，规避了应纳所得税。美国国内收入服务处（IRS）在其规模最大的一次审计调查中发现大量的居民纳税人通过离岸避税地的金融机构隐藏了大量的应税收入。而美国政府估计大约三万亿美元的资金因受避税地联机银行的"完全税收保护"而被藏匿在避税地。

案例分析 🔖

以eBay为例，eBay是美国的一家网上拍卖公司，允许个人和商家拍卖任何物品，到目前为止eBay已经拥有3000万用户，每天拍卖数以万计的物品，总计营业额超过50亿美元。但是eBay的大多数用户都没有准确地向税务机关报告他们的所得，存在大量的逃税现象，因为他们知道由于网络的匿名性，美国国内收入服务处（IRS）没有办法识别他们。

（4）即时性（instantaneously）

传统交易模式，信息交流方式如信函、电报、传真等，在信息的发送与接收间，存在着长短不同的时间差。而电子商务中的信息交流，无论实际时空距离远近，一方发送信息与另一方接收信息几乎是同时的，就如同生活中面对面交谈。某些数字化产品（如音像制品、软件等）的交易，还可以即时清结，订货、付款、交货都可以在瞬间完成。

电子商务交易的即时性提高了人们交往和交易的效率，免去了传统交易中的中介环节。不过即时性也隐藏了危机。如电子商务交易的即时性往往会导致交易活动的随意性，电子商务主体的交易活动可能随时开始、随时终止、随时变动，这就使得进出口商难以掌握交易双方的具体交易情况，不仅使得管控手段失灵，而且客观上促成了对方不遵从约定的随意性，加之国际间的监管技术的严重滞后作用，都使依法交易变得苍白无力。

（5）无纸化（paperless）

电子商务主要采取无纸化操作的方式，这是以电子商务形式进行交易的主要特征。在电子商务中，电子计算机通信记录取代了一系列的纸面交易文件。用户发送或接收电子信息。由于电子信息以比特的形式存在和传送，整个信息发送和接收过程实现了无纸化。无纸化带来的积极影响是使信息传递摆脱了纸张的限制，但由于交易中许多规范是以规范"有纸交易"为出发点的，因此，无纸化带来了一定程度上法律的混乱。

电子商务以数字合同、数字时间截取了传统贸易中的书面合同、结算票据，削弱了税务当局获取跨国纳税人经营状况和财务信息的能力，且电子商务所采用的其他保密措施也将增加税务机关掌握纳税人财务信息的难度。在某些交易无据可查的情形下，跨国的申报额将会大大降低，应纳税所得额和所征税款都将少于实际所达到的数量，从而引起征税国国际税收流失。

世界各国普遍开征的传统税种之一的印花税，其课税对象是交易各方提供的书面凭证，课税环节为各种法律合同、凭证的书立或做成，而在网络交易无纸化的情况下，物质形态的合同、凭证形式已不复存在，因而印花税的合同、凭证贴花（即完成印花税的缴纳行为）便无从下手。

8.1.2 跨境电商的运营模式

跨境电商的运营模式，与传统外贸模式最大的不同就是所有环节基本上都是通过互联网完成的，包括商品展示、买家下单、付款、卖家发货。现如今，大部分出口商主要是借助电子邮件和即时聊天工具与海外买家交流，完成交易。

从目前的发展情况来讲，我国跨境电子商务的模式主要有六种，具体如下：

（1）BBC保税区和直邮模式

这是目前我国外贸企业最常用的两种模式。BBC保税区模式是指跨境供应链服务商，通过保税进行邮出模式，与跨境电商平台合作为其供货，平台提供用户订单后由这些服务商直接发货给用户。这些服务商很多还会提供一些供应链融资的服务。优势在于便捷且无库存压力，劣势在于某些BBC借跨境电商名义行传统贸易之实，长远价值堪忧。

海外直邮模式，最典型的是亚马逊。优势在于有全球优质供应链物流体系和丰富的SKU；痛点是跨境电商最终还是要比拼境内转化销售能力，对本土用户消费需求的把握就尤为重要，亚马逊是否真的能做好本土下沉还有待考量。

其流程如图8-1所示。

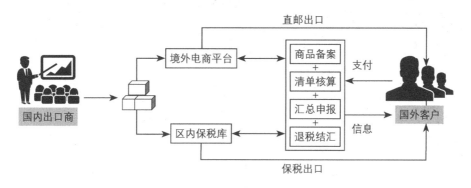

图8-1　BBC保税区和直邮模式

（2）B2C模式

B2C模式是一种企业对企业的模式，如京东、聚美、蜜芽，主要采用保税自营+直采的方式，这一模式下企业运用电子商务以广告和信息发布为主，成交和通关流程基本在线下完成，本质上仍属传统贸易，已纳入海关一般贸易范围。

这种模式的优势在于平台直接参与货源组织、物流仓储买卖流程，销售流转高，时效性好，通常B2C玩家还会附以"直邮+闪购特卖"等模式补充SKU

丰富度和缓解供应链压力。

劣势在于品类受限，目前此模式还是以爆品标品为主，有些地区商检海关是独立的，能进入的商品根据各地政策不同都有限制（比如广州不能走保健品和化妆品）；同时还有资金压力：不论是搞定上游供应链，还是要提高物流清关时效，在保税区自建仓储，又或者做营销打价格战补贴用户提高转化复购，都需要钱；爆品标品毛利空间现状极低，却仍要保持稳健发展，资本注入此刻意义尤为重大。在现阶段，有钱、有流量、有资源谈判能力的大佬们纷纷介入，此模式基本已经构建了门槛，不适合创业企业轻易入场了。

案例分析

以母婴电商为例，母婴品类的优势在于，它是最容易赢得跨境增量市场的切口，刚需、高频、大流量，是大多家庭海淘的主要商品之一。

母婴电商大多希望能在单品上缩短供应链，打造品牌，获得信任流量，未来逐步拓展至其他高毛利或现货品类，淡化进口商品概念。

痛点在于母婴品类有其特殊性，国内用户目前只认几款爆款品牌，且妈妈们还都懂得看产地，非原产地不买。几款爆品的品牌商如花王等，国内无法与其直接签约供货。母婴电商们的现状都是在用复合供应链保证货源供应，如国外经销商批发商，国外商超电商扫货、买手、国内进口商等。

这样一来，上游供应链不稳定，价格基本透明，且无毛利，部分企业甚至自断双臂搞大促销。目前基本所有实力派电商大佬都以母婴品类作为吸引转化流量的必备品类，而很多创业公司则逐渐降低母婴比例或另辟蹊径，开始不同方向的差异化竞争。

（3）C2C模式

C2C模式是企业对消费者的模式，直接面对国外消费者，以个人消费为主。物流方面主要采用航空小包、邮寄、快递等方式，其报关主体是邮政或快递公司，目前大多未纳入海关登记。

最典型的如淘宝全球购，速卖通、淘世界，洋码头扫货神器，海蜜，街蜜等，海外买手（个人代购）入驻平台开店，从品类来讲以长尾非标品为主。

案例分析

全球速卖通的品类覆盖3C、服装、家居、饰品等共30个一级行业类目，服装服饰、手机通信、鞋包、美容健康、珠宝手表、消费电子等占优势较大，如图8-2所示。

图8-2　C2C模式的全球速卖通平台

全球速卖通是阿里巴巴旗下面向全球市场打造的在线交易平台，被广大卖家称为国际版的"淘宝"。

像淘宝一样，把宝贝编辑成在线信息，通过速卖通平台发布到海外。当海外消费者下单后类似国内的发货流程一样，可通过国际快递将宝贝运输到买家手上，就这样，可将商品轻轻松松销往220多个国家和地区，赚取美金。但由于多国为保护本国电商，限制或禁止本国人员跨境网购，目前俄罗斯、阿根廷已实施相应政策。

速卖通于2010年4月上线，经过3年多的迅猛发展，目前已经覆盖220多个国家和地区的海外买家，每天海外买家的流量已经超过5000万，最高峰值达到1亿；已经成为全球最大的跨境交易平台之一。

C2C模式是目前发展前景最好的模式，优势在于拓展了供应链和选品的宽度，被商业零售和消费者认可。

C2C模式广受欢迎的原因

首先，移动互联网时代，人群的垂直细分，让同类人群在商品的选择和消费能力上有很大的相似度，人与人之间相互的影响力和连接都被放大了，流量不断碎片化。

其次，面对商品丰富度如此之高的现状，提高资源分配效率，如何更快地选到我们想要的商品，节约选择成本也尤为重要——don't make me think。

第三，可以在精神社交层面促进用户沉淀，满足正在向细致化、多样化、个性化发展的需求。这一代人更注重精神消费，作为一个平台，每一个买手都是一个KOL，有自己的特质和偏好，优秀买手可以通过自己的强时尚感、强影响力打造一些品牌，获得价值观层面的认同和分享，同时也建立个人信任机制。

B2C的思路强调的是标准化的商品和服务，从综合到垂直品类，在PC时代汇聚大规模流量；而移动电商，与传统PC端电商不同，有消费场景化，社交属性强的特征，对于丰富的海淘非标商品，C2C的平台效应可以满足碎片化的用户的个性需求，形成规模。

当然C2C模式也有它固有的缺陷，如传统的靠广告和返点盈利的模式，服务体验掌控度差，个人代购存在法律政策风险，买手制平台的转化率普遍较低，目前不到2%，还有早期如何获得流量，提高转化，形成海淘时尚品牌效应，平衡用户与买手的规模增长等都是难点。

（4）返利导购/代运营模式

这是一种"技术型"运营模式，目前，采取该模式的有么么嗖、海猫季，如图8-3和图8-4所示。这些技术导向型平台，主要是通过自行开发系统自动抓取海外电商网站的SKU，全自动翻译，语义解析等技术处理，来提供海量中文SKU以帮助用户下单这也是最早做跨境电商平台的模式。还有一种是中文官网代运营模式，即直接与海外电商签约合作，代运营其中文官网。

图8-3　么么嗖截面

图8-4　海猫季截面

在早期这两种模式有着巨大的优势，成本低，操作简单，能最大限度地解决信息流处理问题，SKU丰富，方便搜索。缺点在于缺乏中长期核心竞争力，对库存价格实时更新等技术要求高，如蜜淘等一些早期以此为起点的公司已纷纷转型。

（5）社区模式

这类模式是靠论坛、BBC社区发展起来的一种模式，典型的有小红书，依靠内容引导消费，来实现销售的自然转化。

案例分析

　　2013年创立之初，小红书正是以社区模式满足了大家的购物需求。在UGC社区上，让之前去过海外购物的用户或者住在国外的人提供购物信息，经过大数据分析，从中找到最受用户欢迎的爆款商品，从而打破海外购物的信息不对称。

　　小红书已经发展为国内最大的海外购物分享社区，如图8-5所示。深受80后、90后用户的喜欢，至2015年底已经拥有1500多万用户，其中50%是90后，82%是85后。

图8-5　小红书截图

这种模式的优势在于有效利用了天然海外的信息资源，将流量转化为交易，但从长远来说，还需要在此基础上建有强大的供应链管理平台。

8.2 传统企业转型机遇和挑战

面对持续上涨的电商规模，传统外贸业绩却一路下滑，传统进出口企业转型已成必然。《2014年度中国电子商务市场数据监测报告》显示，2014年中国电子商务市场交易规模达13.4万亿元，同比增长31.4%。其中，网络零售市场交易规模达2.82万亿元，同比增长49.7%。

8.2.1 制度建设和政策优惠

传统进出口企业、零售商必须看到跨境电子商务这个大市场，积极转型电商，开辟线上市场。虽然在技术、流量和人才方面都面临着巨大的困难，但从国家层面、政策倾斜上看，还是占有"地利"的优势，国家鼓励进出口企业加入电商行列，加剧跨境领域的竞争态势。

我国发展跨境电商业务的制度、政策优惠，具体如下：

（1）管理政策层面

①在资格申请方面的规定

我国建立了跨境电子商务主体资格登记制度，对从事跨境电子商务的境内主体（除个人外）要求其必须在外汇局办理相关信息登记后，方可进行跨境电子商务交易，建立跨境电子商务主体资格登记制度。

②在支付、结售方面额的规定

对于跨境电商来说，拥有完善的线上支付系统是非常重要的。可以说线上支付是电商发展的决定性条件。我国在支付机构的外汇业务经营资格、业务范围、外汇业务监督等方面做了严格的规定，参照外汇指定银行办理结售汇业务市场准入标准，建立跨境支付业务准入机制，对具备一定条件的支付机构，给予结售汇市场准入资格。并在一定范围内被赋予代位监管职能，建立银行与支付机构责任共担机制，形成多方监管、互为监督的监管格局。

③明确交易业务范围和开放顺序

结合我国外汇管理体制现状，我国跨境电子商务及支付遵循先经常性项目后资本性项目，先货物贸易后服务贸易再至虚拟交易，先出口后进口的顺序逐步推进。提供跨境支付服务的电子支付机构应遵循先开放境内机构，慎重开放境外机构的管理原则，限制货物贸易和服务贸易跨境外汇收支范围，暂时禁止经常转移项目和资本项目外汇通过电子支付渠道跨境流动，做好对支付机构的监督管理工作。

④出台相应的外汇管理办法

将跨境电子外汇业务纳入监管体系，在人民银行《非金融机构支付服务管理办法》的基础上，适时出台《跨境电子商务及电子支付外汇管理办法》，对跨境电子商务主体资格、真实性审核职责、外汇资金交易性质、外汇数据管理、外汇收支统计等方面做出统一明确的管理规定。

（2）业务操作层面

①纳入外汇主体监管体系

将跨境电子商务及支付交易主体纳入外汇主体监管范畴，充分利用现有主体监管结果实行分类管理，实现由行为监管向主体监管的转变。

一是境内交易主体为法人机构时，外汇局应依据已公布的机构考核分类结果，有区别地开放跨境电子商务范畴。电子支付机构在为电商客户办理跨境收支业务时，应先查询机构所属类别，再提供相应跨境电子支付服务。

二是境内交易主体为个人时，除执行个人年度购结汇限额管理规定外，支付机构还要健全客户认证机制，对属"关注名单"内的个人应拒绝办理跨境电子收支业务。

三是将支付机构纳入外汇主体监管范畴，实行考核分类管理。

②有效统计与监测数据

开办电子商务贸易的境内机构无论是否通过第三方支付平台，均需开立经常项目外汇账户办理跨境外汇收支业务，对办理跨境电子商务的人民币、外汇收支数据需标注特殊标识，便于对跨境电子商务收支数据开展统计与监测。

同时，在个人结售汇系统未向电子支付机构提供接口的情况下，支付机构可采取先购结汇再由补录结售汇信息的模式。外汇局要加强对跨境电子商务外汇收支数据的统计、监测、管理，定期进行现场检查，以达到现场与非现场检查相结合的管理目标，增强监管力度。

③规范申报主体和申报方式

一是境内交易主体为法人机构的方式下，国际收支统计申报主体应规定为法人机构，申报时间为发生跨境资金收付日，申报方式由法人机构主动到外汇指定银行进行国际收支申报；二是境内交易主体为个人的方式下，建议申报主体为支付机构，由其将当日办理的个人项下跨境外汇收支数据汇总后到银行办理国际收支申报，并留存交易清单等相关资料备查。

④规范外汇备付金管理

明确规定电子支付机构通过外汇备付金专户存取外汇备付金。外汇局要规范外汇备付金专户外汇收支范围，将专户发生的外汇收支数据纳入外汇账户非现场监管体系进行监测。建议将外汇备付金按资本项下进行管理，收取外汇备付金的支付机构需定时向外汇局报送备付金收支情况，并将其纳入外汇指定银行外债指标范围。

8.2.2　转型要解决的问题：资金和产品

外贸企业新开辟电商业务，或者新创业人员做跨境创业尽管得到了政策方面的诸多支持，但仍有很多限制，诸如缺少经验，缺少资金，对跨境电商平台规则不熟悉等，这些问题成为做好跨境电商的主要障碍。接下来将针对传统外贸企业在转型跨境电商过程中，可能遇到的资金、产品选择，以及流量、平台等问题进行介绍。

（1）资金

做跨境电商首先需要解决的就是资金问题，目前做跨境电商者通常有以下几类：外贸SOHO创业者，传统外贸企业，以前做天猫淘宝的电商，还有就是想直接做跨境电商的外贸新人。

做任何生意必须先要投入，在跨境电商投入方面区别很大，应视个人情况区别看待，一般对于外贸新人来说，5万～10万元人民币的资金储备投入应该是必须的。目前，跨境电商创业主要的投入在于：选择货品货源，团队建设，店铺运营推广成本（直通车推广、SNS推广、Google推广等费用）。

（2）产品

做好产品品类的选择工作是做好跨境电商的重要前提，因为选择一个市场潜力巨大的品类就意味着已经成功了一半。对于跨境产品品类的选择，首先要做的是多看数据、多做市场调研工作。

以速卖通关键词工具为例说明，关键词工具本来是速卖通直通车让卖家更好地做好直通车的工具。跟淘宝直通车的玩法类似，跨境电商从业者可以利用关键词工具的核心数据，来精准地找到适合自己的跨境产品品类。

那么该如何选择产品呢？最主要的是关注3类关键词：

① 高流量关键词：指在整个网站中买家搜索量比较高的关键词，新初创业者仔细调研这个关键词对应的产品行业。

② 高转化率关键词：指在整个网站中买家搜索后更愿意点击的关键词。

③ 高订单关键词：指在整个网站中更容易使买家下单的关键词以及行业。

除此之外，跨境电商创业者还必须要关注和留意的核心数据是竞争度指标，从这个直通车的竞争度指标可以了解到速卖通平台卖家竞争的程度，同样的道理，关键词竞争越激烈行业竞争越激烈，如果创业者要进入这个行业，就应该仔细审核自己的优势，在深思熟虑后再选择某品类。

最后，还有一种选品方法就是蓝海关键词方法。蓝海关键词指的是30天内搜索热度高的产品品类，搜索量大说明市场空间巨大，根据市场竞争力及自己的核心优势、如货源，运营优势、团队优势等因素，来选择适合自己的蓝海产品品类。

8.2.3　转型要解决的问题：流量

自从电子商务兴起以来，流量就成了决定电商兴衰的首要影响因素，成为扼住电商生存和发展的一只看不见的手。从ebay时代→seo时代→FB社交时代→各类社交时代→移动社交时代，尽管电子商务经历了多个发展阶段，但真正起着决定作用的就是流量。没有流量就没有客户量，这是电商的生命线。

那么，如何解决流量问题呢？纵观最近一两年的发展形势，至少得做好两个方面，一个是线上，一个线下。但是这个"线上线下"却不同于以往开通网店，或者开实体店那么简单，需要线上线下全方位结合。简而言之，就是线上做好社交，线下做好体验，一切从消费者利益出发，让消费者决定生产和消费。

（1）线上社交——挖掘线上流量

如今是社交时代，市场开放化程度越来越高，电商化的商品供应越来越充分，商品信息"泛滥"。消费者的需求正在从以往只求获取信息的层面向筛选信息层面转变，这个时候线上社群便成为电商获取流量的主要入口。

所谓的线上社群，是大家基于同一个爱好、习惯或生活方式而聚集在一起进行交流的一种模式。如今，很多社区论坛、贴吧之类的兴趣圈其实是一个个社群，围绕某个主题，如旅游、摄影、汽车、美食、艺术、电影、时尚等展开话题。正是由于有了共同的兴趣，社交、信息才更容易以空前的信息量、速度传播进行扩散，尤其是其中的知名度较高的大咖、达人，其巨大的曝光量有力地推动了电商品牌的建立，消费者对企业、产品的认知。

案例分析

pinterest是美国最大的图片兴趣类社交网站，流量仅次于google、facebook、youtube。但是在2014年它的引流能力已经超越youtube，排名第二。有人在pinterest上测试过三类产品的图片，无品牌时尚女装、品牌婚纱、无品牌婚纱。

结果现实是，日常类女装图的引流能力最好，因为不需要专业地教客户熟悉，只需要唤醒；其次是品牌婚纱图；最后是非品牌婚纱图。

案例分析

3C类社区也是一个典型的社交网站，目前能看到越来越多的时尚3C配件案例。通过3C类社区发布新品评测贴引流的，这类网站很多拥有过百万的粉丝，引流能力突出，持续引流则需要不断地有新功能和产品设计发布。

线上社交是引流传播的点，重点在于唤醒客户，这对于品牌引流的转化率势必会提高。对于没有领导型品牌额度的，则可以在话题和产品卖点上做文章，以切中消费者的引爆点。

（2）线下体验店——开辟线下的流量口

当电商开辟线上流量的同时，各路企业纷纷借自贸区"东风"开设跨境电商体验店。

2015年，在经济较发达的地区，跨境电商体验店开始崭露头角，与消费者进行面对面的亲密接触。尤其是一些小型跨境电商企业，与天猫国际、京东、洋码头等众多知名跨境电商平台相比，市场知名度低，市场竞争力太弱，依靠线上无法获得巨大的流量。在这种情况下，就开始另辟蹊径，瞄准了线下，寄希望于通过开通线下跨境电商体验店求发展。

提起跨境电商体验店，北京、广州等城市已有不少，台版花王纸尿裤、意大利版爱他美奶粉、德国施巴润肤露、美国飞利浦奶瓶等涉及20家多个品牌，如图8-6所示。

线下体验店成为跨境电商中意的一个热点。由于用户体验更好，它成为电商解决流量问题的一个非常好的途径，如图8-7所示。

图8-6　某跨境电商体验店

跨境电商体验店利用邮税比一般贸易税优惠30%左右，且50元以下免征的特点，直接把商品送到了消费者身边。相当于用电子商务直接为消费者降低了关税。建立实体体验店，支付方式以电子商务支付的方式进行支付，和传统购买境外商品比较，要便宜了很多，有了价格优势，自然可吸引大量顾客。

图8-7　跨境电商体验店火爆的原因

然而，值得注意的是，跨境电商体验店的运营模式不同于纯电商或线下实体零售品牌，其鲜明的O2O模式，既融合纯电商的口碑传播，又融合线下实体门店的直观体验。因此，相较于内销型电商平台，其对于品牌的运营能力、供货渠道、产品质量和售后服务等各方面要求更高。

8.2.4　转型要解决的问题：供应链

快速发展的跨境电商给企业带来了巨大的压力，不仅仅是销售产品，还要为客户和消费者提供满意的服务，从而提高客户的满意度。而要更好地获得客户满意度，真正赢得客户的青睐和忠诚，就需要打造自身持续为客户提供质量过硬、良好服务的能力。持续的供应能力与供应链的完整程度息息相关，因此，整合供应链成为跨境电商企业必须解决的一大难题。

供应链问题是所有跨境电商遇到的共有困境。从天猫国际、京东海外购、蘑菇街、聚美急速免税店、唯品会、一号店、网易考拉等各位大佬的交易数据来看，各家都不满意。

（1）什么是供应链管理

所谓的供应链管理（supply chain management，简称SCM），是指为满足一定客户服务水平，通过计划、采购、制造等手段，把供应商、制造商、仓库、配送中心和渠道商等有效地组织在一起，进行产品制造、转运、分销及销售管理的一种体系，以使整个供应链系统成本最小，效益最大。

随着电子商务的蓬勃发展，以及国家政策、资金的大力支持，国内兴起了一大批供应链企业和平台。他们为跨境电商提供各种供应链服务。如海豚供应链，如图8-8所示。

这是一家成立于2014年的B2B企业，隶属深圳市有棵树科技股份有限公司，是一家主营海淘类产品的供应链贸易公司，致力于为中小海淘企业提供正

图8-8　海豚供应链

品海淘货源，解决中小海淘企业的产品采购和代理发货问题。

据海豚供应链官网介绍，海豚投资1.7亿元建成了5大海外仓库，2大香港仓库，6大保税区仓库和干线运输网络，自建欧、美、澳、日四大采购中心，仓库储备总额达6亿，SKU超过5000种。

2015年6月，海豚供应链获得由汤臣倍健投资的1.6亿元人民币A轮融资；2015年11月，海豚供应链获得由广发信德、海通创新资本等联合投资的亿元以上人民币B轮融资。

再如，笨土豆电商，如图8-9所示。

图8-9　笨土豆电商

笨土豆电商成立于2015年7月，隶属北京笨土豆电子商务有限公司，是一家主打进口产品的B2B采购及供应链服务平台，打通从国外到国内终端的物流、仓储、清关、配送等所有环节。笨土豆主要经营的品类涉及食品、母婴用品、洗护、保健品、美妆等，代理品牌超过60余个，如美国嘉宝、世界最好、禧贝、加州宝宝、艾维诺、美赞臣、雅培、小蜜蜂等。

2015年11月，笨土豆电商获得由春晓资本投资的数千万人民币A轮融资。

（2）为什么实施供应链管理（SCR）

与传统的物流管理相比，供应链管理在存货方式、货物流、成本、风险、计划及信息流、组织间关系等方面存在显著的区别，这使得供应链管理比传统的物流管理更具优势，更具活力。

① 存货及供货物流　从存货及供货物流的角度来看，在供应链管理中，存货管理是在供应链成员中进行协调，以使存货投资与成本最小，而传统的物流管理则是把存货向前推或向后延，具体情况是根据供应链成员谁最有主动权而定。事实上，传统的物流管理把存货推向供应商并降低渠道中的存货投资，仅仅是转移了存货。解决这个问题的方法是通过提供有关生产计划的信息，比如共享有关预期需求、订单、生产计划等信息，减少不确定性，并使安全存货降低。

② 成本　从成本方面来看，供应链管理是通过注重产品最终成本来优化供应链的。这里提到的最终成本是指实际发生的到达客户时的总成本，包括采购时的价格及送货成本、存货成本等。而传统的物流管理在成本的控制方面依然仅限于公司内部，只有在公司内部最小化即可视为实现预期目标。

③ 风险与计划　风险与计划是供应链管理区别于传统物流管理的另外两个重要的方面。在供应链管理中，风险与计划都是通过供应链成员共同分担、共同沟通来实现的，而传统的物流管理却仅仅停留在公司内部。在组织间关系方面，供应链管理中各成员是基于对最终成本的控制而达成合作，而传统的物流管理则是基于公司内降低成本。

④ 信息流、组织间关系　要成功地实施供应链管理，各供应链成员之间必须要有很好的信息共享；而要做到开诚布公的信息分享，对于追求不同目标的企业来说，实在不是一件容易的事情，尤其是当一家企业与其众多的竞争对手均有合作的情况下，要实现信息共享更加困难。因此，成功的供应链整合，首先需要各节点企业在如下一些方面达成一致：共同认识到最终客户的服务需求水平、共同确定在供应链中存货的位置及每个存货点的存货量、共同制订把供应链作为一个实体来管理的政策和程序等。

（3）如何实施供应链管理（SCR）

供应链管理（SCR）是一个整体性、系统性非常强的生物链条，涉及供应商、制造商、仓库、配送中心和渠道商等各方，各方的关系如图8-10所示。该链条实现了综合管理，运用计划、采购、制造、配送、退货等五大管理手段，五大管理手段具体内容如图8-11所示。

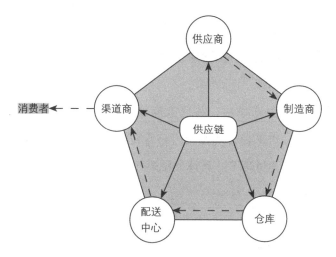

图8-10 供应链管理（SCR）中各方之间的关系

计划	这是供应链管理的策略性部分。因为好的供应链建立在一系列计划上，计划可使它能够有效、低成本地为顾客递送高质量和高价值的产品或服务
采购	即选择能为企业提供货品和服务的供应商，并与之建立一套合理的定价、配送和付款流程。包括提货、核实货单、转送货物、付款等
制造	安排生产、测试、打包和准备送货所需的活动，是供应链中测量内容最多的部分，包括质量水平、产品产量和工人的生产效率等的测量
配送	又称为"物流"，即调整用户的订单收据、建立仓库网络、派递送人员提货并送货到顾客手中、建立货品计价系统、接收付款
退货	这是供应链管理中的问题处理部分。建立网络接收客户退回的次品和多余产品，并在客户应用产品出问题时提供支持

图8-11 供应链中5大管理手段

综上所述，要想将供应链的作用发挥到最大，并可时刻满足企业的供应需求。管理人员就必须做好以上两个方面，一方面整合供应商、制造商、仓库、配送中心和渠道商等各方的资源；另一方面做好计划、采购、制造、配送等基础性的管理工作。

8.2.5 转型要解决的问题：支付系统

伴随着跨境支付市场的不断扩大，跨境电商收付汇/结售汇问题成为制约跨境电商进一步发展的因素。随着跨境电商政策的进一步开放，在跨境电商高速增长的刺激下，网上支付需求日益强烈，尤其是第三方支付的应用大大提升了境外购物时支付的交易效率，实现快速的发展。

（1）支付系统有哪些

目前，在跨境支付市场中，跨境电商使用较多的支付系统大体可分为三种，分别为第三方支付平台、商业银行与专业汇款公司。跨境电商正是通过这三类支付业务完成其支付环节。具体如图8-12所示。

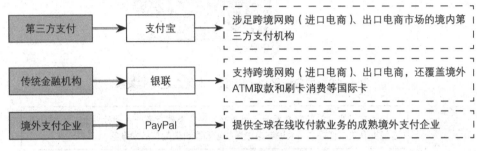

图8-12　支付系统的种类

（2）如何选择支付系统

跨境电商的发展离不开在线支付的支持，但对于企业来讲，需要选择一种最适合自己的支付系统，或者至少确定以某一种为主，其他为辅的综合性策略。

在支付系统的选择上首先要看大趋势。目前运用比例最高的是第三方支付，据艾瑞咨询调查的一份数据显示，在所有渠道中，单一使用和多项使用第三方支付所占比例分别为50.9%和82.2%，两项数据都遥遥领先，如图8-13所示。

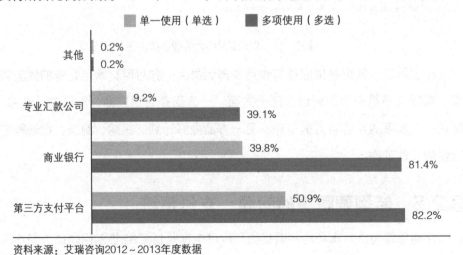

资料来源：艾瑞咨询2012～2013年度数据

图8-13　跨境转账与汇款渠道分布

第三方支付方式有望成为主要的支付方式。这是源于：

一是其自身的优势非常明显，操作简单、安全便捷，无金额限制。

二是与国家鼓励三方支付参与的政策有关，随着第三方支付机构的业务扩张和监管部门对其相关外汇业务进行规范性松绑，支付的汇兑难题将得到解决。第三方支付为跨境电商企业提供更加阳光的资金交易通道。

跨境电商市场中的几种常用的第三方支付平台使用情况如表8-1所列。

表8-1　常用的第三方支付平台

支付企业	服务/产品	服务对象	海外合作机构
支付宝	海外购	境内持卡人	日本软银，PSP，安卡支付
	外卡支付	境外持卡人	VISA，万事达卡
财付通	跨境网购支付	财付通客户	美国运通
快钱	国际收汇	外商企业	西联汇款
银联在线	跨境网购支付	银联卡持卡人	PayPal，三井住友，豆芽银行等境外主流银行卡收单机构

其次，还要结合自己的业务类型和进出口地选择，毕竟每种支付方式所针对的业务类型不同，所服务的地区也有所差异。表8-2是三种支付方式的服务类型、对象以及地区。

表8-2　三种支付方式的服务类型、对象以及地区

企业类型		服务/产品	服务类别	服务对象	结算币种	覆盖地区
第三方支付	支付宝	海外购	进口B2C	支付宝会员	外币	日韩，英美，意大利、澳大利亚等
		外卡支付	出口电商	境外持卡人	人民币	全球主要国家和地区
	快钱	国际收汇	出口电商	外商企业	人民币	全球主要国家和地区
传统金融机构	银联	互联网认证支付服务	进口B2C 出口电商	银联卡持卡人	外币	香港、日本、美国等
		境外卡消费	国际卡业务	银联卡持卡人	人民币	亚太、欧美、非洲、澳洲等
境外支付企业	PayPal	外贸一站通	出口电商 国际卡业务	需拓展国际业务的外商企业	商家所在地货币	全国主要国家和地区

8.2.6　转型要解决的问题：平台

平台解决的是进货、出货或者获取相应服务的问题，电商最主要的就是依托强有力的平台，尤其是目前市场竞争日益激烈，很多电商开始寻求多平台综合运营。跨境电商不像国内的淘宝一家独大，很多大的跨境电商平台发展很多年了，且有自己发展的特色和优势，所以选择多平台同时运营的策略也是有必要的。

平台从买卖的业务类型上分，可分为进口平台和出口平台，从业务性质上分，可分为货物平台、销售宣传平台和服务平台。站在出口的角度来看，需要重点关注进口平台、货物平台销售宣传平台和服务平台。

（1）进口货物平台

所谓的进口货物就是选择合适的供应商，供应商选择不好后期创业者的经营风险会很大。目前，供应商渠道一般有以下3种，如图8-14所示。

在选择供应商的时候，跨境电商必须注意三个问题：第一，产品的质量要过硬，并且要有稳定性；第二，供应商必须能够提供非常优质的在线服务；第三，供应商需要有持续的新品研发能力；第四，供应商的库存能力强，不会发生断货现象。

通过1688网站进行采购

1688网站阿里旗下的子公司，现为阿里集团的旗舰业务，已真正成为在线批发的天堂，特别是1688的火拼团购频道，如果采购的得当往往可以采购到真正价廉物美的产品。

通过行业资讯群、QQ微信等

各大社区论坛有很多以地域区分的行业群、产品群，加入这些群往往可以找到非常靠谱的物美价廉的供应商。

传统渠道采购

自己开辟小渠道，如向开工厂的亲戚、朋友求助，或者去类似于义乌小商品市场这样的传统市场进行采购。

图8-14　跨境电商企业供应商渠道

（2）销售宣传平台

跨境电商与国内的电商一样，商品要想走向市场，被消费者所认知，依托于某个平台非常重要。如速卖通、亚马逊、eBay等。

> 阿里巴巴旗下的速卖通是运用最多，大家最熟悉的跨境平台，阿里巴巴的上市让速卖通真正具有了全球影响力，交易一直非常活跃，拥有海量的选品。速卖通秉承了阿里系的优秀传统，在后台界面、操作流程、运营技巧方面跟淘宝的运营有异曲同工之处。对于外贸新人而言，通过阿里巴巴的速卖通最容易上手做跨境电商。虽然速卖通今年开始真正收费，但是就目前的收费门槛来说我们认为还是非常合理的。
>
> 第二个推荐的平台就是亚马逊，亚马逊可以说是跨境电商真正的蓝海。为什么这样说呢？因为相对于速卖通和eBay，在亚马逊做跨境电商的中国卖家其实并不多，而且更利于新人。比如只需要具备外币支付功能的信用卡就可以开店了。而且亚马逊搜索排名也对新卖家有一定的扶持优势，最重要的是亚马逊的主流目标客户群体大部分都是美国和欧洲客户，很容易开辟这个区域真正的优质客户。
>
> eBay网站的流量非常大，网站的客户群体也非常稳定，也非常适合中小型的中国卖家，但是eBay最大的问题就是他们的政策有很大的偏向性，而且经常变化莫测。

在销售和宣传策略上，是最能体现多平台运营的作用了。案例中分析了目前国内外最活跃的三个平台，可以打造一个以速卖通为重点，亚马逊和eBay为"两翼"的组合平台，这样的组合或许会有意想不到的收获，或者以根据自己的特点如店铺定位、产品定位和价格策略等灵活搭配。

单一平台运营和多平台运营就运营成本来说是类似的，但是多平台运营可以给电商带来流量上的优势，而且每个跨境平台上的目标市场国家、目标客户都有区别。

（3）服务平台

服务平台多是政府部门或外贸相关部门设立的，目的在于为跨境电商企业或个人提供分送集报、结汇退税、资格审核、监管、使用注意事项等服务。

服务平台不是指一个平台，它是集海关、政府和企业三方于一身的系统，从而解决了信息流、物流、资金流不同层面、不同角度的问题，如图8-15所示。

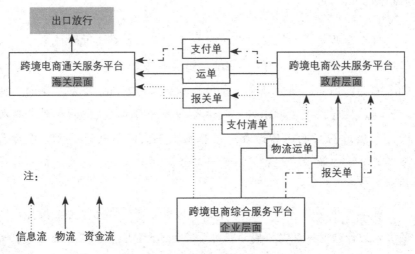

图8-15 跨境电商服务平台关系图

从图8-15分析可以看出，跨境电商通关服务平台、公共服务平台、综合服务平台是从三个不同层面出发建设的平台（通关服务平台对应的是海关，公共服务平台对应的是政府，综合服务平台对应的是企业）。三种平台之间相互联系，形成信息数据之间的统一交换和层层传递。就目前行业发展趋势看，无论是跨境企业或是个人卖家，都需要对这些平台进行了解，也许未来会成为跨境电商新监管时代的生存制胜法宝。

① 跨境电商通关服务平台 顾名思义是为外贸企业进出口通关提供便利服务的系统平台。89号文发布后，地方海关为鼓励跨境电商发展各出其政，政策分散导致通关流程各不相同。海关总署建设全国统一版的通关服务平台，统一报关流程。该平台所上传的数据可直接对接海关总署内部系统，节省报关时间，提升通关效率。

服务对象：传统中小型外贸企业、跨境进出口电商企业。

监管部门：海关总署、地方海关。

注意事项：货物通关采用"三单对比"的方式进行监管，"三单"指电商企业提供的报关单、支付企业提供的支付清单、物流企业提供的物流运单。"三单"数据确认无误后即可放行。

② 跨境电商公共服务平台 "公共服务"的含义具有双向性，一方面为各

地政府的职能部门之间搭建公共信息平台，另一方面是服务于大众（主要是指外贸企业）。阳光化的外贸环节众多，涉及国检（检验检疫）、国税（纳税退税）、外管局（支付结汇）、商委或外经贸委（企业备案、数据统计）等政府职能部门及银行结汇等，传统外贸企业需一一对接。跨境电商行业因其碎片化订单的特殊性，如每笔订单都重复与职能部门对接将成为极其繁重的工作。另外，政府职能部门之间也需要一个公共区域共享企业上传的数据，并进行数据采集、交换对比、监管等工作。于是由政府投资兴建的公共服务平台成为了解决这些问题的根本手段。

服务对象：传统中小型外贸企业、跨境进出口电商企业。

监管部门：国检局、国税局、外管局、外经贸委、商委、经信委等政府职能部门。

注意事项：与通关服务平台相同，地方性公共服务平台也普遍采用"三单对比"的方式进行监管，"三单"手续齐全并监管认可，才可享受正常的结汇退税。

③ 跨境电商综合服务平台　其"综合"的含义囊括了金融、通关、物流、退税、外汇等代理服务。跨境贸易的链条很长，涉及的操作环节众多，对于传统中小外贸企业和个人卖家来说难以吃透且工作量极其繁重。综合服务平台的出现可以一站式解决这部分人遇到的外贸问题，是真正服务于基层的平台。

服务对象：传统中小型外贸企业、中小型跨境电商企业、跨境电商平台卖家。

注意事项：综合服务平台一般由企业投资建设，注意选择具有品牌公信力的大型跨境电商企业建设的平台。这些平台的功能更齐全，解决问题的能力更强，最重要的是服务更有保障，可以避免不必要的风险。

8.3 跨境电商的发展局限

跨境电商已经成为我国外贸出口的"新亮点"，随着网络强国战略的实施，以及国家政策对跨境电商扶持力度的大幅提高，交易规模持续扩大，在进出口贸易中所占比重越来越高。这也预示着我国跨境电商发展将迎来黄金时代。

但由于市场机制的不成熟，相关制度的不完善，以及我国外贸商品结构单一等，跨境电商仍处于初级阶段，在整个发展过程中仍会受到的诸多主、客观因素的限制。可以说，前途很光明，但目前面临的困难和挑战也很多。

那么，这些困难和挑战主要体现在哪些方面呢？

8.3.1 传统的通关机制，加剧了跨境电商的成本

与传统外贸不同的是，跨境电商呈现出小金额、多批次、高频率的特征，大都采用航空小包、邮寄、快递等方式运送。这就使长期形成的传统贸易通关方式不再适合跨境电商。而目前的现状是，我国大多数小企业没有进出口经营权，又没有报关单，结汇、退税等都难以操作。

对此，部分地区已经着力进行了改革，根据以零散邮寄方式向境外邮寄货品的情况，为便利结汇，已经优化了通关、支付、物流、结汇等方面的服务支撑体系，进一步提高商检、清关、物流效率，降低跨境电商的运营成本。

案例分析

2015年上半年，青岛、广州、南京、厦门等城市开通了跨境电子商务直购进口业务。"直购进口"接近于"海淘"概念，但又不同于海淘。与传统"海淘"相比，跨境电商直购进口税费信息透明、通关时间短，并且购买平台均经合法注册备案，商品的质量、售后等得到了保障。

通过"直购进口"模式，消费者从下单到收货的时间大大缩短，运输成本降低50%左右。青岛海关开通的跨境电商"直购进口"通道采用"自动申报、自动审结、货到放行、汇总征税"模式，减轻了物流企业逐票手工申报和缴纳税款的繁琐手续，实现了跨境网购全过程的电子化、高效化。

8.3.2　缺乏完善的管理和监督体系

跨境电商缺乏管理和监管的原因，源于它的定位没有明确的归属。从交易形式上看，纯粹的电子交易应属于服务贸易范畴，国际也普遍这么认为，可归入GATS的规则中按服务贸易进行管理。而如果只是通过电子商务方式来完成定购、签约，或者整个交易过程某个环节的话，则又应归入货物贸易范畴，属于GATT的管理范畴。

此外，对于特殊的电子商务种类，既非明显的服务贸易也非明显的货物贸易。如通过电子商务手段提供电子类产品（如文化、软件、娱乐产品等），国际上对此类电子商务交易归属服务贸易或货物贸易仍存在较大分歧。

由于上述两点原因，我国至今尚未出台《服务贸易外汇管理办法》及跨境电子商务外汇管理、监督法规，因此对电子商务涉及的外汇交易归属管理范畴更难以把握。

不过，国家相关部门正在朝这方面努力，开始尝试着改革。

健全跨境电商入境消费品检验检疫监管机制，提升检验检疫服务效能，争取实现对跨境电商入境消费品"源头可追溯、过程可监控、流向可追踪"的有效监管，降低跨境电商的质量安全风险，保护消费者权益。

案例分析

国家外汇管理局2015年在浙江和福建进行试点，允许以商业单据代替报关单作为结汇的依据，取得了比较好的效果。目前，在上海、重庆、杭州、宁波、郑州、广州、深圳等试点城市开始建立起由海关、检验检疫、商务、工商、外汇等相关职能部门共同参与的良好协调沟通机制。

8.3.3　地区发展不平衡

由于跨境电子商务主要依靠空运和海运，因此，目前大都集中在国际航空货物转运中心布局较多的上海、北京、广州等一线城市，海运则集中在沿海地区，这就使跨境电商出现了地区不平衡，严重影响了跨境电商的健康发展。

我国的制造加工企业已逐步向内陆和二、三线城市转移，虽然这些地区在周边大航空转运中心的辐射范围内，但受海关关区和行政管辖权等方面的限制无法实现无缝对接，因此，今后要在各个试验试点区尝试建立跨境电商监管区域与出境口岸的快捷联动通道，进一步优化通关流程、加快通关速度。

8.3.4 服务能力弱，综合竞争力有待提高

跨境电商实现"买全球""卖全球"，需要跨境电子商务服务业提供有效支撑。跨境电子商务服务业为跨境电子商务应用提供各种专业服务，包括交易平台服务以及物流配送、电子支付等几大类。但在这个方面，就我国现有的电子商务平台来看，无论中国制造网、环球市场集团，还是兰亭集势、苏宁、亚马逊中国等，都是只限于某种单一的方法，还很难提供综合性的服务需求，与国际性的平台相比，仍有很大的差距。

相应的电子商务服务跟不上，势必会导致市场竞争力弱，这也是我国跨境电商需要长期面对的一个问题。

案例分析

> 义网通是义乌市地方政府和综合保税区、产业园区，于2015年8月搭建的一个具有公益性质的跨境电商综合服务平台。该综合服务平台与各大电商、供货商、网购平台、物流企业、支付企业、金融企业、代理企业及国际机构实现互联互通、数据交换，形成覆盖义乌出口跨境通关、进口跨境通关、保税进口通关、国际快件通关、铁路快运通关等多式联运立体模式的跨境电商通关服务网络。

从跨境电子商务交易平台的发展趋势来看，未来一是立足于长远发展，保证产品质量，加强品牌建设，提升市场拓展和客户服务能力；二是加强海外布局，具备条件的企业将在国外建设或租赁更多的海外仓，完善物流与售后服务，降低企业的物流成本，缩短订单周期；三是向国际一流服务商看齐，开展规范化经营，提升服务品质，探索跨境电子商务切实可行的交易模式。

参考文献

［1］ 阮绩智. 进出口贸易实务. 杭州：浙江大学出版社，2013.

［2］ ［美］罗伯特·C·芬斯特拉，艾伦·M·泰勒著. 张友仁等译. 国际贸易. 北京：中国人民大学出版社，2011.

［3］ 吴百福，徐小薇. 进出口贸易实务教程. 第7版. 上海：格致出版社，2015.

［4］ 罗艳. 外贸跟单实务. 北京：中国海关出版社，2013.

［5］ 温伟雄. 外贸全流程攻略——进出口经理跟单手记. 北京：中国海关出版社，2014.

［6］ 姚大伟. 国际货运代理理论与实务. 上海：上海交通大学出版社，2012.

［7］ 阿里巴巴商学院组织编写. 跨境电商基础、策略与实战. 北京：电子工业出版社，2016.

［8］ 肖旭. 跨境电商实务. 北京：中国人民大学出版社，2015.